셀프 홈
인테리어 가이드

니데인

셀프 홈
인테리어 가이드

다시 쓰는 PROLOGUE

〈셀프 홈 인테리어 가이드〉가 벌써 개정판을 찍게 되었네요.
요즘 같은 도서 시장의 불황에, 거기다 요리 같은 인기분야도 아니고 셀프 인테리어라는 다소 비인기 분야의 교양서가 개정판을 포함해 총 3쇄나 찍게 되었다고 생각하니 정말 기쁘고 뿌듯하답니다.

처음 〈셀프 홈 인테리어 가이드〉를 낼 때의 생각은 '비록 책이 많이 팔리지 않더라도 나의 무모하지만 열정 가득했던 몇 년간의 셀프 인테리어 이야기를 책으로 남기고 싶다~'라는 열망에서 시작한 것이지요. 또한 단순히 셀프 인테리어 방법론을 적은 책이 아니라 셀프 인테리어를 하면서 성장해 온 우리 집과 나의 이야기를 적어서 다른 분들도 충분히 할 수 있다는 자신감을 심어주기 위해서이기도 했고요. 이 책을 적기 시작한 것은 제가 셀프 인테리어를 시작한 지 2년이 좀 지났을 때였고, 제가 이것저것 욕심을 부리고 내용을 늘리면서 다시 작업을 하는 바람에 다시 2년이 지나서야 책을 완성을 했답니다.

그 후 저는 책 집필 당시 시간에 쫓겨 손대지 못했던, 그래서 늘 아쉬움으로 남았던 베란다를 작업해서 수납도 잘되고 예쁜 공간으로 꾸몄답니다. 더불어 창고로 전락하기 쉬운 좁은 다용도실 역시 외국의 펜트리(식품저장창고)같이 꾸미느라 또 많은 고민을 했었어요^^
그리고 2년이 지난 지금, 제 책에 드디어 베란다편을 실을 수 있게 되었네요.

많은 분들이 삭막한 아파트에 살지만 베란다에서 화분도 키우고 햇볕을 쬐면서 차도 마시는 공간을 꿈꾸시는데 저 역시 그러합니다. 다만 좁은 공간, 많은 짐들, 그리고 비싼 공사비 등 현실적인 문제 때문에 그 꿈을 이루지 못하시죠. 그래서 그런 점들을 고민고민해서 비록 좁지만 알차게 수납도 되고, 싱그러운 초록 식물도 키우고, 카페같이 차도 마실 수 있는 예쁜 공간으로 변신할 수 있도록 고민을 많이 하고 작업한 그 노하우를 이제 같이 나누어 보려고 합니다. 물론~ 비용은 저렴해서 부담스럽지 않은 범위 내에서라는 전제조건을 내걸고요^^

해마다 봄이 되면 집을 화사하게 꾸며보고 싶으신 분들에게 올해는 생각만 하지 마시고 직접 셀프 인테리어를 한번 해 보시라고 권해드리고 싶어요. 제가 이웃들에게, 저의 셀프 인테리어 강좌를 듣는 수강생들에게, 또 이 책의 독자님들에게 늘 하는 이야기는 바로 이겁니다.

"셀프 인테리어는 누구나 할 수 있답니다."

더불어 제 책을 사랑해주신 독자 분들, 그리고 힘들게 책을 쓰다가 포기해버릴까 망설일 때 잘될 거라고 응원해주던 지인 분들에게 정말 감사한 마음을 전합니다.

PROLOGUE

셀프 인테리어를 시작한 지 벌써 4년이 되어갑니다. 시트지를 집안 여기저기 붙이고, 재활용장을 기웃거려 주워온 헌가구로 시작한 리폼과 셀프 인테리어를 이렇게 오래 하게 될 거라고는 정말 생각지도 못했습니다.

셀프 인테리어를 한 지 2년쯤 되었을 때, 생각했지요. 내가 만약 셀프 인테리어에 관한 책을 쓰게 된다면 단순히 방법론적인 내용만 싣지 않고 내 이야기를 담고 싶다고…. 못 하나 박을 줄 모르고, 페인트도 한번 칠해본 적 없는 초보자가 독특하고 아름다운 나만의 집을 갖게 되기까지 겪었던 무수한 시행착오와 성장기를 재미있게 쓰고 싶었습니다.

그런데 재미있기만 하면 안 되는 게 또 실용서더라고요. 셀프 인테리어를 하려는 사람들에게 유익한 정보와 함께 따라 하기 쉬운 과정을 보여주어야 했지요. 그래서 고민 끝에 이야기(PART 1)와 실전편(PART 2)으로 나누었어요.

PART 1에서는 저의 몇 년간의 좌충우돌 셀프 인테리어기를 재미있게 풀어나가되 그 과정에서 초보자가 모르는 것, 하기 쉬운 실수들, 알면 좋은 팁들을 상세히 기록하려고 노력했습니다. 사실 처음 시작 당시는 사진조차 없거나 핸드폰 카메라로 찍어서 사진이 흐릿한 부분들도 있었어요. 그렇지만 그 때의 어설프지만 열정 가득했던 이야기들을 보면서 여러분도 셀프 인테리어와 리폼에 흥미를 느끼고, 이 정도면 나도 충분히 하겠다라는 의욕을 갖게 되기를 바라는 마음에서 부끄럽지만 가감없이, 솔직하게 글을 썼습니다.

PART 2 실전편에서는 스토리편에서 쌓인 경험과 기본지식을 바탕으로 트렌드에 맞는 여러 가지 가구 리폼·제작, 셀프 인테리어 등을 자세한 과정사진과 함께 상세히 기록했습니다. 따라 하기 쉬운 부분도 있을 것이고, 다소 난이도가 있어서 어려운 부분도 있겠지만 할 수 있는 부분부터 차근차근 하나씩 하다보면 어느새 세상 어디에도 없는 나만의 아름다운 집을 완성하실 수 있을 거예요.

그럼 책을 시작하기 전에, 제가 셀프 인테리어를 하면서 사람들에게 가장 많이 듣는 세 가지 질문에 대해 먼저 답을 하고 갈게요.

Q1 이런 셀프 인테리어는 어디서 배우셨어요?

배우지 않고, 많이 보았답니다. 인터넷에서, 책에서, TV에서 나오는 많은 집들과 인테리어들을 관심있게 보았어요. 관심을 가지고 많이 보면 저절로 인테리어에 대한 지식과 감각이 생기고, 그것을 우리집에 적용해 보고 싶다는 욕구가 생길 거예요.

다른 공간들을 보고 따라한다고 해서 그것과 똑같은 느낌의 인테리어가 되는 것은 아니에요. 집마다, 공간마다 구조가 다르고 개인의 취향이 달라서 구현되는 모습이 달라집니다. 그렇게 셀프 인테리어를 하다 보면 세상에서 하나밖에 없는 독특한 우리집만의 인테리어가 완성된답니다.

Q2 이렇게 잘 꾸미려면 돈이 꽤 많이 들지 않나요?

두 번째 질문에 대한 저의 대답은 개인의 생각과 기준에 따라 다를 수 있다는 것입니다. 전문가에게 맡겨 수천만 원을 들여서 하는 인테리어와 비교한다면, 셀프 인테리어는 정말 저렴한 비용으로 집을 아름답게 꾸밀 수 있으니 돈이 그렇게 많이 들지 않는 게 맞는 대답이겠지요. 하지만 '굳이 돈을 들여서 집을 꾸밀 필요가 있나?'라고 생각하시는 분들에게는 셀프 인테리어에 들어가는 비용이 비싸게 느껴지시겠지요. 분명한 것은 최소의 비용으로 최대의 효과를 낼 수 있는 것이 셀프 인테리어의 가장 큰 장점이라는 것입니다.

Q3 원래 디자인이나 미술 쪽에 일을 하던 분이시지요? 보통 사람들은 사실 이렇게 하기 힘들지 않나요?

저는 학교 다닐 때 예체능이 제일 싫었던 사람입니다. 당연히 페인트용 붓은커녕 미술용 붓도 거의 잡을 일이 없었고 미적감각이 제로에 가까운 평범한 주부였어요. PART 1을 읽어보시면 아시겠지만 이런 우스운 감각과 솜씨로 셀프 인테리어를 시작한 게 용하다 할 만큼 미적감각과 손재주가 없었던 사람이 저랍니다.

그래서 "손재주가 없는 사람은 안 되겠지요?" 또는 "감각이 없어서 저는 못해요~"라고 말씀하시는 분들에게 늘 이야기합니다. 아마 처음의 저보다는 나으실 거라고요. 셀프 인테리어는 관심을 갖고 많이 보고, 꾸준히 하다 보면 누구나 잘 할 수 있어요.

자, 그럼 저의 6년간의 좌충우돌 셀프 인테리어기 속으로 떠나볼까요?

CONTENTS

* 주방

* 안 방

PART 1
–
좌충우돌 셀프 인테리어기

PART 1

좌충우돌 셀프 인테리어기

'나름 diy다'의 시작, 나도 할 수 있다.

직장을 다니다 작은 애가 초등학교를 들어가게 되었어요. 일찍 마치고 집에 오는 아이를 돌봐줄 사람이 없었기에 그 어린 아이를 저녁까지 학원으로 돌렸답니다. 그렇게 한 학기가 지나자 아이는 힘들어서 부쩍 마른데다 학교에서는 까불기만 할 뿐 숙제나 준비물도 제대로 못 챙겨가는 천덕꾸러기가 되더군요. 그래서 고민 끝에 직장을 그만두고 아이를 위해서 집에 있기로 했지요. 그리고 그즈음, 이사다니기도 힘들고 애들의 안정을 위해 전세생활을 접고 지금의 아파트를 분양받아 이사를 했답니다.

새 집으로 이사하기 전, "이사 가면 집을 예쁘게 꾸미고 애들을 정말 잘 키울 거야. 직장 다닌다고 못 해준 주부역할도 충실히 하면서 그간 나와 우리 아이들 서러웠던 기억들 다 갚아 줄 거야!"라며 투지를 불태웠답니다. 집을 꾸미기 위해 열심히 인터넷에서 인테리어 파워블로그도 구경하고 인테리어 카페도 둘러보면서 꿈을 키웠지요.

올드한 느낌을 주는 어두운 나무색 시트지

밋밋하고 칙칙한 느낌의 나무색 필름지

그런데 막상 새 집이라고 이사를 들어갔는데, 새 집임을 의심케 하는 올드한 나무색 필름지 천지에, 베란다 확장형이라 짐 하나 제대로 들어갈 변변한 수납공간도 없는 집을 보니 한숨부터 나더군요. 인테리어 가게나 아파트 단지 내에 '구경하는 집'에 들어가서 뽑아본 견적은 육아 때문에 직장을 그만둔 백수, 아니 전업주부가 된 저에게는 너무 큰 금액이었고 집을 살 당시에는 몰랐던 여러 가지 문제점들이 보이기 시작했답니다.

새 집임에도 불구하고 아파트 구조가 이렇다 보니, 입주하는 많은 집들이 전문 인테리어 업자들에게 맡겨서 인테리어를 새로 하고 들어오는 경우가 많았어요. 그러나 저희 남편은 뭐하러 새로 산 집을 돈을 들여서 다시 수리를 하냐며 화를 내었답니다. 아주 일리가 없는 말은 아니었어요. 그래서 저는 다른 건 어떻게든 살면서 꾸며 볼 테니 거실의 큰 기둥 철거 공사만 하자고 졸랐지요. 기둥 때문에 집이 너무 어두워 보인다는 점은 남편도 수긍을 해서 몇 백 만원을 들여 창고 기둥 하나를 트고 벽을 마감했답니다. 지금 생각하면 너무나 아까운 돈이에요. 지금 같으면 그 가격의 1/10도 안 되는 돈으로 충분히 셀프 인테리어를 할 수 있는 공사였거든요. 본격적으로 셀프 인테리어를 해보자고 생각한 게 아마 이때부터였을 거예요.

'그래! 그까짓 것, 내가 하면 되지. 셀프 인테리어가 별건가? 나는 양손에 시장바구니 들고 등에는 아이를 업고, 비오면 우산까지 들 수 있는 대한민국 아줌마 아닌가?!!'

집의 중앙 거실에 보조 베란다가 있는 특이한 구조, 짐을 쌓아놓은 것이 훤하게 보인다.

집 중앙 거실에 있던 건물 기둥을 둘러싼 창고공간, 빛이 잘 들어오지 못해 어둡고 답답한 느낌이다.

집안에 모든 문이 탁한 아이보리색 시트지로 시공되어 어둡고 오래된 느낌을 준다.

어찌됐든, 그렇게 마음먹은 저는 이사 와서 짐 정리가 끝나자마자 '어떻게 집을 꾸며볼까'를 궁리했답니다. 찾아보니 가장 만만한 것이 시트지였어요. 잘못되면 떼어버리면 되니까 초보자가 해도 무방할 거 같더라고요. 그래서 집안 여기저기 시트지를 붙이기 시작했지요. 반나절 이상 공을 들여 붙인 시트지였는데 반응이 참 실망스러웠어요.

"엄마~ 짜가 디오스(당시 유행했던 김치냉장고 브랜드) 같아"
"근데 왜 저 색 시트지로 싱크대를 발랐어요? 차라리 이전 색이 나은 거 같은데?"

남에게 이야기하진 않았지만 참 충격적이더군요. '아, 난 정말 인테리어에는 소질이 전혀 없구나. 이건 미술이나 디자인하시는 분들이나 하는 건가?'란 생각이 들더군요. 하지만 그런 생각도 잠시 고난과 구박에 강해지는 잡초같은 기질이 있었는지 아니면 오기가 나서였는지 셀프 인테리어를 멈추지 않았지요.

'내가 우리 집을 업자가 시공한 것보다 훨씬 더 예쁘게 바꿔 놓을 테다!'

지금 생각하면 어디서 그런 근거 없는 자신감이 솟았는지 싶지만 전 정말 자신있었답니다. 왜냐하면 수많은 블로그를 돌아보면서 아무리 험한 집도 셀프 인테리어로 정말 아름다운 집으로 바꾼 것을 수없이 봐 왔거든요. "나도 할 수 있다! 노력은 절대 배신하지 않는다." 뭐 이런 생각에서 나온 자신감이었던 거 같아요.

사실 시트지는 전문가가 붙이지 않으면 잘 떨어지고 들뜨고 고급스러움을 주기가 어려워요. 가격도 비싸고 완벽한 마감이 어렵다는 것이 시트지의 한계인 것 같아요. 하지만 유리창이나 아이방 등에 포인트로 사용하면 간편한 시공으로 큰 효과를 낼 수 있답니다. 시트지나 포인트스티커를 혼자서 수월하게 붙일 수 있는 방법을 알려드릴게요.

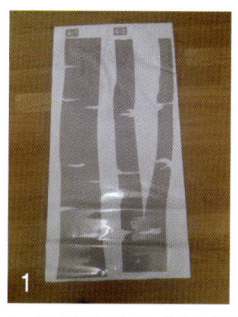  

1. 큰 종이 한 장에 붙어있는 스티커라면 먼저 붙일 부분을 적당한 크기로 자른다.
2. 스티커를 붙이고자 하는 부분을 깨끗이 닦고 물이나 주방세제를 약간 섞은 물을 뿌린다(이렇게 하면 나중에 잘못 붙였을 때 떼서 다시 붙일 수 있다).
3. 길이가 긴 스티커는 절반을 잘라서 아랫부분을 먼저 붙이고, 나머지 부분을 연결 부분에 잘 맞추어 붙여준다.

마지막으로 마른 걸레를 이용해 주변에 흘러내린 물을 닦고 공기가 들어간 부분은 커터칼로 살짝 그어 공기를 뺀 다음 밀대로 잘 밀어 마무리합니다. 넓은 범위의 시트지를 붙일 때에는 가운데부터 가장자리 쪽으로 밀대를 밀어가면서 붙이면 좋아요. 포인트스티커를 붙인 창문에 블라인드를 달면 카페 같은 분위기를 더욱 살릴 수 있어요.

저의 본격적인 셀프 인테리어의 시작점은 인터넷으로 페인팅 세트를 구매했을 때라고 생각합니다. 시트지만으로 하는 리폼에 한계를 느낀 저는 인터넷 쇼핑몰 장바구니에 페인팅 세트(페인트와 페인팅 도구들)를 담아놓고 일주일가량 고민했었죠. 직장도 그만둔 전업주부에게는 몇 만원도 적은 돈이 아닌데다 사놓고 쓰지 않는다면 너무나 아까운 돈이 될 테니까요. 또 저에게는 셀프 인테리어를 반대하는 남편도 있었고요.

'아... 내가 직장을 계속 다녔더라면 이깟 눈치 안 보고 확 지를 텐데….'

같은 가구가 놓인 공간의 분위기가 페인팅하는 것만으로 얼마나 달라질 수 있는지를 보여주는 Before & After

반찬값이라도 아껴야 하는 슬픈 전업주부의 팔자를 한탄하면서 며칠 고민하다가 결심했어요.

'그래, 인생 뭐 별 거 있어? 지르는 거야! 내가 명품 가방을 사겠다는 것도 아니고, 비싼 브랜드 옷을 사겠다는 것도 아니고! 저렴한 집 꾸미기를 위해 페인트 한 통 사겠다는데, 뭐!'

고작 페인트 한 세트 구매하면서 이렇게 자기 합리화의 끝을 봤답니다. 가구 페인트 전에 젯소 작업을 해야 벗겨지지 않는다고 해서 젯소를 포함해, 페인트(흰색), 바니쉬, 붓, 트레이 등 기본적인 셀프 인테리어 물품들을 주문했지요.

이사 오면서 버릴까 말까 망설이던 오래된 소가구들을 주문한 페인트로 하나씩 칠하기 시작했습니다. 한 평도 안 되는 작은 베란다에 신문지를 깔고, 버리려던 작은 가구에 페인트칠을 하고 있으니 모든 잡념이 사라지고 마음이 편안해지더라고요. 또 페인트칠 한 번에 확 바뀌는 가구들의 모습을 보니 시간가는 줄 모를 정도로 정말 재미있었어요. 이런 제 모습을 본 무뚝뚝한 경상도 남편은 기가 찼는지 "노가다 체질이가?" 그러면서 비웃고 가더군요. 사춘기에 접어든 딸도 "아빠! 엄마가 이상해."라는 반응이었죠. 가족들이 그러거나 말거나 페인트칠은 제게 신세계를 열어주었어요. 전문가에게 비싼 인테리어를 의뢰하거나 고가의 가구를 사지 않고 페인트 한 통만으로 집 분위기를 바꿀 수 있다면, 그건 정말 해볼 만한 도전 아닐까요?

🖌 기본적인 페인트 도구

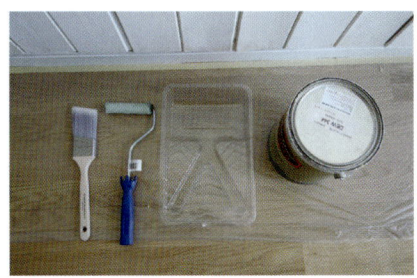

(붓, 롤러, 트레이, 페인트)

칠하고자 하는 크기에 따라 붓이나 롤러의 크기를 선택해 작업하면 좋아요.

페인트칠 기본순서

1. 커버링 테이프를 깔아 보양작업을 해야 깔끔하게 작업할 수 있다.
2. 페인트색이 잘 먹게 하기 위해 먼저 젯소를 한두 번 바른다.

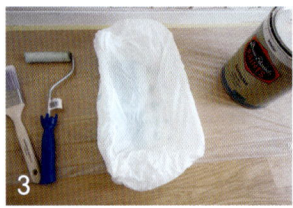  

3. 트레이에 페인트가 묻으면 씻어내기 힘들므로 비닐을 씌워 페인트를 부어서 쓰고 비닐만 제거한다.
4. 잘 안 열리는 페인트 뚜껑은 페인트 오프너나 망치 뒷면, 깡통따개 등을 이용하면 쉽게 열 수 있다.
5. 페인트를 칠하기 전 긴 막대기로 페인트를 잘 섞는다.

6. 비닐을 씌운 트레이에 페인트를 붓고 붓이나 롤러를 이용해 얇게 어려 빈 칠한다.
7. 모서리나 좁은 면은 붓으로 얇게 칠한다.

8. 넓은 면은 롤러를 이용해 W자 모양으로 넓게 펴 바른 후 빈틈을 메워주듯이 칠한다.

9. 한번에 페인트 색을 내려하지 말고 얇게 골고루 칠한 후, 다 마르면 다시 칠한다. 이런 과정을 반복하며 칠해야 매끈하고 예쁜 색을 얻을 수 있다.

10. 가구나 벽 표면의 페인트 벗겨짐이나 오염이 염려된다면 반드시 마지막에 바니쉬칠을 두세 번 정도 한다. 물이 잘 닿는 싱크대나 주방가구의 경우에는 바니쉬칠을 더 꼼꼼히 한다.

바닥에 튄 페인트 제거팁

베란다에서 뚝딱거리며 작업할 때 주변에 튀는 페인트 자국을 크게 신경쓰지 않았답니다. 그런데 그게 바로 닦아내지 않으면 그 뒤로 오래도록 안 지워지더라고요. 당신 때문에 집 못 팔게 됐다면서 한숨 쉬는 남편에게 자신 있게 웃으며 "내가 나중에 능숙해지면 베란다에 마루나 데코타일을 깔아줄게." 라고 큰소리를 치긴 했습니다만, 속으로 저도 뜨끔 했답니다.

요즘 나오는 페인트들은 대부분 수성 페인트예요. 수성이라고 해서 물로 바로 제거할 수는 없지만, 물티슈나 물걸레로 한 번 싹 닦아내고 물기가 남아있는 상태에서 플라스틱 자나 헤라로 살살 긁어내면 깨끗하게 제거됩니다. 바닥이나 마루에 흠집도 안 나고 간단하게 제거하는 방법이지요. 단, 묻은 지 24시간 안에 제거해야 제일 잘 지워진답니다. 너무 오래되면 바닥 때와 결합돼서 잘 지워지지 않을 수 있어요. 하지만 가장 효과적인 제거법은 페인팅 전에 반드시 마스킹 테이프와 커버링 테이프로 꼼꼼히 사전작업을 하는 것이겠죠? 작업 후에는 주변에 튄 페인트를 바로 닦아내는 습관도 중요하답니다.

초보자를 위한 페인트 구매팁

초보자라면 너무 고가나 많은 양의 페인트를 구매하실 필요는 없어요. 1리터 정도의 페인트를 주문해서 집에 있는 버려도 아깝지 않을만한 소가구들을 연습 삼아 칠해보세요. 페인트칠을 처음 하는 분이라면 무난한 화이트, 크림색 등의 튀지 않는 색이 좋아요. 단, 아이가 있는 집이라면 실내용 친환경 페인트를 사용하시는 것을 추천해요. 요즘은 대부분의 실내용 페인트들이 품질이 좋아져 냄새가 심하게 나거나 몸에 해롭지는 않지만, 그래도 집을 예쁘게 꾸미는 것만큼 중요한 가족의 건강을 위해 가격이 조금 더 나가더라도 친환경 제품이나 아토피예방 전용 페인트를 사용하시는 것을 권해드려요.

셀프 페인팅 들여다보기 : 몰딩 페인팅

가장 많이 셀프 페인팅을 하는 부분이 몰딩과 방문이에요. 방문은 그렇다고 해도 위쪽에 있어 잘 보이지도 않는 몰딩을 왜 가장 많이 칠하냐고요? 오래된 몰딩을 칠해주지 않았을 때와 칠해주었을 때의 느낌이 확연히 다르거든요. 몰딩만 잘 칠해줘도 집이 보다 깔끔하고 정돈되어 보인답니다.

몰딩을 페인팅할 때도 위, 아래로 마스킹 테이프를 꼼꼼히 붙이고 작업해주세요. 만약 천장이 흰색이고 몰딩도 흰색으로 칠할 경우라면 위쪽 마스킹 테이프는 생략해도 괜찮아요. 보통 천장 쪽 몰딩은 손을 잘 안타기 때문에 바니쉬 같은 마감제 없이 그냥 페인트만 두세 번 발라주시면 됩니다. 몰딩이 짙은 체리색이거나 때가 타서 오염이 심한 경우에는 페인팅 작업 전에 미리 젯소칠을 두세 번 정도 해주세요. 색이 더 선명하게 나오면서 페인트칠도 더 잘되는 요령이랍니다.

before

after

03 공간박스를 얻다!

가구만들기의 기본! 공간박스

　DIY 서적들에서 공통적으로 말하는 것이 있는데, 가구의 기본은 공간박스에서 시작된다는 것입니다. 물론 흰색 페인트 한 통으로 무조건 헌 가구에 흰색 칠만 하던 초보시절의 제가 이 사실을 알리가 없었죠. 그런데 어느 날 저에게 공간박스가 무려 7개나 생겼답니다. 제가 시트지 붙이는 과정을 아파트 카페에 올리자 한 이웃분이 제게 애들 책장으로 쓰던 공간박스가 있는데 새 책장을 사셨다면서 가져가고 싶으면 가져가라고 하시더라고요. 리폼거리를 찾고 있던 저에게는 얼마나 반가운 이야기였는지 한걸음에 그 많은 공간박스들을 짐카트에 싣고 집으로 왔답니다.

그날 이후 이 공간박스들을 어떻게 리폼할까 책과 인터넷의 바다를 떠돌면서 고민하기 시작했어요. 그러는 사이 저도 모르게 가구의 기초인 공간박스에 대해, 그리고 공간박스를 활용한 가구 만들기에 대해 알게 되었답니다. 그리고 무작정 공간박스를 두 개씩 붙여서 책장이나 수납장 등의 가구들을 만들기 시작했지요.

여기서 더 발전해서 공간박스 두 개를 본드와 나사못으로 붙여서 2단 수납장이나 수납벤치도 만들었어요. 수납장 앞문이나 수납벤치 뚜껑은 버려진 서랍이나 가구에서 떼어온 나무상판을 가지고 만들었답니다. 드릴을 쓸 줄 몰라서 그냥 각목에다가 망치로 대못을 꽝꽝 박아 작업하기도 하고, 수평이 안 맞아서 삐걱거리는 허술한 가구를 만들기도 했지만 얼마나 재미있던지 시간가는 줄도 모르고 만들었답니다. 리폼을 하고 목공을 하는 그 순간만큼은 모든 걱정을 잊어버리고 오직 그것에만 몰두할 수 있어서 참 좋았어요.

그 당시 만든 것들 중에는 사실 삐걱거리거나 실제 쓰는데 불편했던 것들이 많아서 "따라해 보세요.~" 라고 권하기 부끄러운 것들이 많아요. 그래도 공간박스를 가지고 만든 것 중에서 가장 유용했던 두 가지를 소개해 드리려 해요. 바로 수납의 제왕! 공간박스 식탁과 아이의 장난감 수납을 한 방에 해결해 준 수납벤치예요.

공간박스 식탁

지금 보면 나무색 필름지벽에 촌스러운 그래픽 스티커가 붙어있는, 초보티 팍팍 나는 리포머의 집이지만 이 공간박스 식탁 리폼은 제게 정말 큰 용기를 준 작업이었어요. 처음으로 제대로 된 가구리폼을 했다는 자부심과 수납공간이 심각하게 부족했던 주방 수납에 숨통을 틔어준 가구였지요. 리폼한 아일랜드 식탁 안 공간이 넓고 쓰기도 편해서 그 이후 저의 리폼에 대한 열의는 더 높아졌답니다.

1. 저렴한 공간박스 12개를 구입해서 6개는 뒤판이 있는 식으로 조립하고, 6개는 뒤판 없이 조립한다.
2. 뒤판 없는 공간박스 6개를 뒤판 있는 공간박스에 목공본드와 나사못으로 붙여서 안의 폭을 넓힌다.
3. 연결부위를 꺽쇠와 자투리 나무로 붙이고 본드가 잘 마르도록 하루 정도 무거운 물건을 올려놓는다.

4. ㄱ자 다리를 가구의 네 모서리에 본드와 나사못으로 붙인다(식탁몸체를 거꾸로 뒤집어서 붙여준다).
5. 식탁을 뒤집어서 바로 세운 후, 공간박스가 붙은 자국이 있는 옆면에 패널 시트지를 붙인다.
6. 뒷면은 말끔하게 페인트칠한다.

7. 기존 식탁에서 분해한 상판을 공간박스 위쪽에 올린다.
8. 식탁 상판을 흰색으로 페인트칠한다.
9. 진짜 타일은 상판무게가 너무 무거워지므로 천원숍(다이소) 등에서 쉽게 구할 수 있는 타일 시트지를 붙인다.

🧰 재료 및 구입처
공간박스 12개, 페인트, 패널무늬시트지 2롤, 나사못 등(지마켓) / ㄱ자 다리(바이올) / 타일무늬시트지, 목공본드(다이소)

10. 기존 식탁에서 쓰던 유리를 올리고 꺽쇠로 상판을 고정한다.
11. 내부도 하얗게 칠한다(시트지를 붙이면 오염에 더 강하다).

수납벤치 _장난감 수납의 끝판왕

after

before

정수기 받침대로 쓰던 이단 공간박스

지금도 크게 다르지 않지만 저희 집에는 장난감이 늘 바닥에 널브러져 있답니다. 그 장난감의 주
인공은 바로 저희 초등학생 아들!
아이가 유치원 때는 '초등학교 가면 다 갖다 버려야지' 다짐했었고, 초등학교 저학년 때는 '고학년
이 되면 버려야지'라고 다짐했었는데 지금도 여전히 장난감의 양은 엄청납니다. 그동안 계속 버
리고 정리를 했는데도 말이지요. 장난감들이 내가 잠든 사이 몰래 증식(?)을 하는 것도 아니고 도
대체 무슨 조화인건지 아들방은 항상 장난감으로 가득 차 있답니다.

레고 같은 작은 장난감들은 수납상자나 서랍에 넣어도 되지만 칼, 총, 그리고 실로폰이나 멜로디
언 같이 부피가 큰 것들은 마땅히 넣을 곳이 없어서 늘 구석에 쌓아두기 일쑤였어요. 그러던 중 제
눈에 딱! 띈 것이 시중에 파는 수납벤치였어요. 큰 트렁크처럼 생겨서 수납할 수 있는 공간이 넓
고, 위 상판은 튼튼한 나무 뚜껑으로 만들어져서 평소에는 벤치처럼 앉아서 놀 수도 있는 정말 좋
은 가구. 하지만 늘 그렇듯이 가격이 문제였지요. 좋은 방법이 없을까 고민하던 중 이사하면서 필
요 없어진 큼직한 이단 공간박스 모양의 정수기 받침대가 눈에 들어왔어요. 그래서 그걸로 만들어
봤답니다.

어마어마한 수납량을 자랑하며 우리 집 완소 아이템이 된 공간박스 모양의 정수기 받침대예요. 웬
만큼 큰 장난감도 다 들어간답니다. 거실에서 아이방으로 옮겨 쓰다가 아이방 벽지 페인팅 때 하
늘색으로 다시 페인팅해서 지금도 잘 쓰고 있어요. 아이가 크고 나면 침구류나 계절 옷 등의 보관
함으로 사용하려고 해요.

1. 나사를 풀어 문을 떼어내고 원하는 색의 페인트를 칠한다(후에 다시 페인팅을 하므로 생략해도 좋다).

2. 뒤판 부분이 바닥이 될 것이므로 쳐지지 않도록 자투리 나무로 지지대를 대어준다(원래는
   세워서 쓰는 공간박스이기 때문에 뒤판이 얇은 합판으로 되어있다).
3. ㄱ자 다리를 네 귀퉁이에 목공본드와 나사못으로 고정해 붙인다.
4. 인터넷목공소에서 공간박스 문 사이즈에 맞게 주문한 나무에 티크색 스테인을 스펀지로 몇 번 바른다.

5. 목공본드와 나사못을 이용해 세 개의 나무패널 지지대를 가로로 붙인다.
6. 몸체 위와 아래에 목공본드와 나사못을 이용해 가로로 나무패널을 붙여주고, 나무패널 부분과 몸체를 하얗
   게 페인팅한다.

7. 가운데에 예쁜 스텐실을 찍어준다. 아이의 이니셜을 새겨도 좋다.
8. 상판과 몸체를 경첩으로 연결한다.
9. 벤치처럼 앉을 수도 있고 수납량도 엄청난 수납벤치 완성!

04 재활용, 리폼이야기

헌 가구와 주워온 가구, 현명하게 리폼하기

　공간박스 식탁을 만들고 우리 아파트 인터넷 카페에 올린 후 저는 일약 동네 스타(?)가 되었어요. '리폼하는 아줌마'로 유명해져 동네슈퍼 가는 길에 반갑게 인사하는 분들이 많아졌답니다. 블로그를 보면 리폼이나 DIY 하시는 분들이 정말 많지만, 막상 내 주변에서 찾아보면 그만큼 흔하지 않은 게 현실이죠. 아마 그래서 이웃 분들이 재활용장에서 뭔가를 주워 와서 칠하는 저를 신기하게 여기셨나봐요. 그 이후 재활용장에 헌 가구만 버려졌다 하면 저희 집으로 인터폰을 해주셨답니다.

"○○ 동 재활용장 앞에 와인장이 버려져 있다. 어서 와서 가져가라~."
"저 침대 헤드 칠해서 자기 침대에 붙이면 근사하겠어~ 너무 무거우면 내가 같이 들어다 줄게"

이런 인터폰을 받기 시작하면서 난감해졌습니다. 이웃의 성의를 생각하면 무시할 수 없고, 막상 나가면 '그래 어딘가 쓸 데가 있겠지'하는 생각으로 가져온 재활용 재료들이 한 평도 안 되는 좁은 베란다에 가득 차게 되었지요. 자세히 살펴보지 않고 들고 온 헌 가구들은 리폼한다고 해도 딱히 둘 데도 없고, 저희 집에 그리 필요하지도 않은 가구들이었어요. 그렇다고 나시 갖나 버리자니 세가 돈을 주고 버려야 하는 상황이 돼버렸지요. 돈을 아끼기 위해 셀프 인테리어를 시작했는데 쓸데없이 돈을 써야하는 상황이 되자, 저는 그때 확실히 알았답니다. 버려진 가구를 주워올 때는 일단 우리 집에 그 가구를 둘 공간이 있나, 쓸모는 있는 가구인가, 그리고 혹시 비에 젖거나 벌레 · 곰팡이 등이 묻어있지는 않은가 꼼꼼히 따져봐야 한다는 것을요.

이 무렵의 저는 무턱대고 주워와 다시 버릴 수도 없는 이 애물단지 가구들을 어떻게든 리폼해서 쓸 수 있게 하기 위해 고민을 참 많이 했어요. 숱한 고민 속에서 탄생한 리폼 소품들을 소개합니다.

before

after

before

after

아기 식탁의자가 화분받침대로 변신!

아기 식탁의자가 집안 포인트 가구로!

before

after

버려진 서랍이 실용성 100% 야채장으로! 기저귀나 세제 수납장으로 써도 좋아요.

05 유용하게 쓰이는 DIY팁

   처음 리폼이나 DIY를 하다보면 페인트나 나무만 필요한 것이 아니에요. 그 외 부수적으로 간단한 것들 모두에 재료비가 들어간답니다. 예를 들어 서랍장 하나를 리폼하려면, 페인트 외에 스텐실 도안이나 색깔 있는 경첩, 예쁜 손잡이 등 여러 가지 재료가 필요해요. 그런데 이런 소소한 재료들을 리폼할 때마다 인터넷으로 주문하면 배송이 며칠씩 걸리기도 하고 꼬박꼬박 배송비도 들어요. 그렇다고 그냥 밋밋하게 페인트칠만 하면 생각만큼 예쁘게 나오지 않고요. 리폼가구에 들어가는 예쁜 문양이나 철물 등은 작은 부분이지만 그것을 하고 안하고는 큰 차이가 난답니다. 그렇다면 돈 들여 주문하지 않고 집에서 만드는 방법을 찾아봐야겠지요. 그런 작고 소소한 재미들 또한 DIY의 묘미이니까요.

🪑 스텐실 도안

단색으로만 된 옷이 밋밋하고 단순해 보여서 옷에 무늬나 버클 등으로 장식을 하듯, 가구도 그러합니다. 예를 들어 하얗게 칠한 가구는 깨끗하게 보이지만 너무 심심하지요. 바로 이럴 때! 스텐실(가구에 오려낸 문양이나 그림을 대고 물감이나 잉크로 찍어내어 장식하는 기법)을 이용해보세요. 마치 가구에 프린트를 한 것처럼 예쁘고 톡톡 튀는 인테리어 포인트가 된답니다.

"도안 없이 직접 그림을 그리거나 글씨를 쓰면 안되나?"

이런 생각이 떠오르기도 하죠. 하지만! 웬만큼 그림 솜씨가 좋지 않고서야 반듯하게 그리기는 굉장히 어려워요. 저같이 힘만 있고 그림 솜씨 없는 사람들도 반듯하게 문양을 찍을 수 있는 아주 유용한 방법이 바로 스텐실이랍니다. 그런데 스텐실 도안가격도 만만치 않더군요. 하나에 몇 천원에서 좀 크기가 큰 것은 몇 만원까지 하더라고요. 지금 당장 필요한데 주문해서 며칠을 기다리기도 쉽지 않고, 무엇보다 내가 원하는 문양이 늘 있으란 법도 없고요. 그래서 DIY를 하는 많은 사람들은 직접 도안을 만들어 쓴답니다.

1. 마음에 드는 도안을 프린트한다.
2. 직선부분은 커터칼로 잘라주고 곡선부분은 손톱가위나 재단가위같이
   작고 날카로운 가위로 잘라준다.

3. 도안을 스텐실을 찍고 싶은 자리에 붙인다.
4. 스텐실 붓에 아크릴 물감을 묻혀서 콕콕 찍어준다.

5. 다 마른 후 도안을 떼어낸다.

※ 물을 묻히지 말고 그냥 물감만 사용해야 번지지 않아요.
※ 일회성이 아니라 계속 쓸 도안이라면 위에 코팅지를 붙여주거나 투명 테이프를 붙여주면 좋아요.
※ 커터칼을 사용할 때는 뒤에 헌 책이나 고무판 등을 대고 칼질해 주세요.

빈티지 라벨 붙이기

스텐실 이외에 가구를 꾸미는 방법에는 라벨 붙이기가 있습니다. 방법은 스텐실보다 훨씬 간단해요. 가구뿐 아니라 유리병(양념병도 가능), 캔 등 매끄러운 표면을 가진 물체에 붙여 사용할 수 있답니다. 라벨지를 붙인 후에는 바니쉬를 발라 코팅해주세요. 단, 라벨지를 붙인 병들을 물휴지로 닦아내는 것까지는 좋으나 물에 담그면 안 됩니다.

작은 변화로 더 예쁜 소품 만들기, 시작해 보세요.

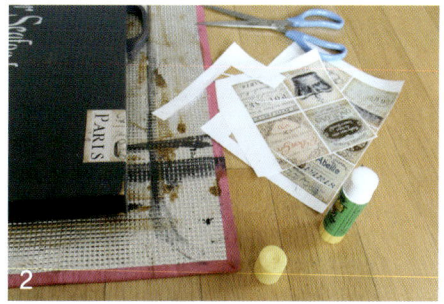

1. 라벨지를 붙이려는 소품에 페인트칠과 스텐실 등의 작업을 다 끝낸다.
2. 빈티지 라벨지가 들뜨지 않게 딱 밀착해서 막대풀로 빈틈없이 붙인다.

3. 그 위에 전체적으로 바니쉬를 두세 번 정도
   발라 코팅한다.

스프레이 페인트 활용법 + 철물, 손잡이 등 재활용

주변에서 쉽게 구할 수 있는 스프레이 페인트는 가격도 저렴하고 일반 페인트로 칠하기 어려운 개질이나 작은 틈새부품 등을 칠하기 좋은 도구예요. 또한 큰 가구에 작은 철물, 손잡이 등에 색다른 포인트를 주는데도 적합하고, 일일이 색깔경첩, 예쁜 손잡이 등을 사기 어려운 초보 리포머에게 가장 든든한 도구랍니다.

마트나 천원숍에 가면 쉽게 살 수 있는 스프레이 페인트 중 사람들이 가장 많이 사용하는 색상은 검은색과 은색이에요. 저는 주로 작은 경첩이나 철물 부품 등에 뿌려서 가구 등에 포인트를 주려고 사용한답니다. 스프레이 페인트는 친환경 페인트와는 달리 냄새가 좀 나는 편이고, 주변에 묻으면 잘 지워지지 않아요. 밖으로 나가서 뿌려주거나 빈 택배 박스 안에 집어넣고 뿌려주세요.

눈 내린 듯한 느낌의 소품을 만들고 싶을 때 솔방울에 뿌려줘도 좋고, 시계 바늘이 검은색이라 잘 보이지 않을 때 은색 스프레이를 뿌려주면 훨씬 눈에 잘 띄면서 메탈릭한 느낌의 멋스러운 시계를 만들 수 있어요.

또 집의 헌 가구나 주변에 버려진 가구의 손잡이 등을 따로 모아두면 스프레이를 뿌려 다른 가구에 장식으로 달아주거나 훅걸이로도 활용할 수 있답니다. 사실 스프레이는 칠한 후 조금씩 벗겨질 수 있는데, 저는 그 자체도 빈티지스러워 좋아하지만 싫으신 분들은 그 위에 바니쉬를 몇 번 발라 마감을 해 주세요.

1. 바닥에 박스 등을 깔고 경첩을 올려 준다.
2. 베란다나 야외 등 환기가 잘 되는 곳에서 철물에 스프레이 페인트를 뿌려준다.
   이때 통을 흔들어 안의 내용물이 잘 섞이게 한 후 약간 거리를 두고 뿌린다.
3. 환기가 잘 되는 곳에서 1~2시간 정도 건조시킨다.
4. 색을 바꾼 철물을 가구에 달아준다.

빈티지 느낌 표현하기

처음 DIY를 시작했을 때 제일 먼저 들었던 생각 중에 하나가 '왜 페인트 벗겨진 걸 빈티지라며 좋아하는 걸까?'라는 것이었어요. 그러다 페인트칠을 몇 번 해보고 깨달았답니다. 페인트의 붓자국, 벗겨짐, 이런 어설픈 것들도 내가 만든 것이라 애착이 가고 사랑스럽다는 것을요.

그리고 좀더 생각해보면 전문가가 시공한 벽지도 몇 년 지나면 들뜨고 누레지고, 시트지나 필름지도 벗겨지는데 시간이 지나 자연스레 페인트가 벗겨지고, 흠집이 생기는 것을 싫어할 필요가 있을까요? 시간이 지날수록 자연스럽게 낡아가는 가구에는 사람의 연륜과 같은, 깊이 있고 심오한 아름다움이 있습니다. 그래서 빈티지가 사랑받는 것이겠지요. 지금은 솜씨가 늘어 완벽하게 마감할 수 있지만, 일부러 낡은 느낌을 내려고 페인트를 약간씩 벗겨내기도 하고, 철물을 녹슬게 만들기도 합니다. 빈티지한 느낌을 내는 몇 가지 방법을 소개해 드릴게요.

🖌 샌딩

1. 페인트 아래로 짙은 나무색이 드러나 보이면 더 올드해 보이므로, 목재 위에 우드스테인을 좀 더 진한 색으로 바르고(아래에 칠한다하여 하도색이라 부름) 바짝 말린다.

2. 그 위에 원하는 페인트 색을 칠한다(위에 칠한다 하여 상도색이라 부름).
3. 상도색이 조금씩 벗겨지게끔 샌더기로 표면을 살짝살짝 사포질한다.

4. 페인트가 너무 많이 벗겨지는 걸 막기 위해 그 위에 바니쉬를 발라 코팅한다.

5. 과하지 않고 살짝살짝 벗겨진 듯한 빈티지 표현이 완성된다.

🖌 **마스킹 테이프**

1. 패널처럼 보이게 상판에 연필로 줄을 그어주고 조각칼로 연필선을 따라 모양을 낸다.
   (THE DIY에서 구입한 반제품 의자를 사용)
2. 군데군데 마스킹 테이프를 붙여준다.

3. 그 위로 페인트를 칠하고 다 마르면 마스킹 테이프를 벗겨낸다.
4. 하도색인 짙은 스테인색이 드러나면서 빈티지한 스크랩우드 의자가 완성된다.

🪑 자투리 나무 활용하기 _톱질하기, 목재 재단 등

셀프 인테리어 초창기, 집에서도 걱정 없이 열심히 망치질하고 직소기로 드드드드~~ 굉장한 소음을 내며 나무를 자르던 때가 있었습니다. 아파트 입주 초기에 위, 아랫층이 모두 오랫동안 비어 있었거든요. 저는 못질에, 망치질에, 직소기로 나무를 자르며 정말 마음 놓고 작업할 수 있었답니다. 그러다가 위, 아랫층이 다 이사를 들어오고 조심스러워진 저는 한동안 목공이나 DIY를 하지 않았어요. 하지만 손이 근질근질해졌고, 최대한 소리 나지 않고 목공을 하는 방법을 궁리하기 시작했답니다. 그러다 목공소에서 정확히 재단한 나무를 주문해 집에서는 조립만 하면 되지 않을까 하는 생각에 이르렀지요. 학교 다닐 때 도형을 배우며 끄적거린 직육면체의 투시도를 그리듯이, 가구를 그려 치수를 계산했어요. 주문을 하고 나무가 배송되어 오면 그대로 조립해서 만드는 형식으로 가구를 만들었답니다.

그런데 재단도 사람의 일이라 항상 완벽하게 치수가 맞지는 않더라고요. 이렇게 치수가 맞지 않을 때, 또는 자투리 나무를 잘라서 활용하고 싶을 때 큰 소리를 내지 않고 정확히 자르기 위해서 톱질과 재단하기가 필요해요.

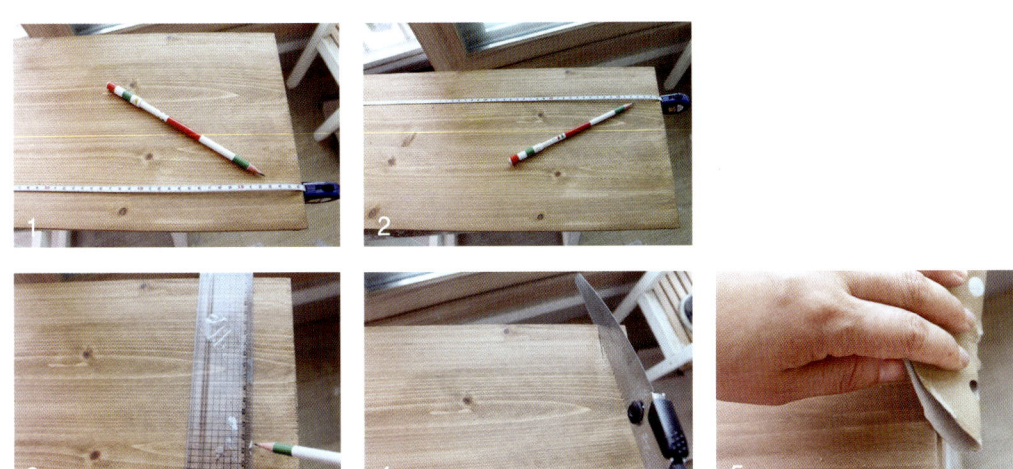

1. 자르려는 치수를 줄자로 재고 나무에 표시한다.
2. 정확한 재단을 위해 반대쪽 치수도 재어 나무에 연필로 표시한다.
3. 자를 이용해 1과 2에서 표시한 위아래 치수 표시점을 연결한다.
4. 연결선에 맞춰 톱질한다. 톱질을 할 때는 사선으로 비스듬히 잘라야 힘도 덜 들고 정확하게 잘린다.
5. 톱질 후 사포질을 해서 자른 단면을 다듬어 준다.

각도톱질대

셀프 인테리어를 하다보면 패널같이 폭이 좁고 긴 목재를 자를 일이 많아요. 그럴 때는 각도톱질대를 이용하면 더 편리하게 자를 수 있답니다. 각도톱질대는 패널을 직선 뿐 아니라 사선으로 자를 때도 사용할 수 있어요. 단, 톱은 각도톱질대와 함께 판매하는 납작하고 네모난 톱 말고 길고 날렵한 톱을 사용해야 힘들이지 않고 톱질을 수월하게 할 수 있답니다.

"반제품 가구를 한번 사서 조립해 보면
가구에 대한 이해가 늘고 자신감이 생긴다."

처음 DIY를 시작할 때 읽었던 책에서 본 내용입니다. 반제품 가구란 완제품이 아닌, 조립과 색칠 작업이 필요한 중간단계의 가구를 말합니다. 예를 들어 책상 반제품은 책상 다리, 상판, 조립 부품 등이 분해된 채 배송돼 집에서 직접 조립하고 페인트나 스테인으로 칠을 해 완성하는 제품이에요. 반제품의 장점은 일단 재료들이 분해되어 오기 때문에 화물배송이 아닌 일반 택배로 배송되어 배송비가 저렴하고 가격도 완제품에 비해 보통 30~50% 정도 싼 편입니다. 단점은 아무리 원목 가구 완제품에 비해 싸다고 해도, 기본적으로 시중에 파는 저렴한 합판 가구들에 비한다면 비싼 편이고 집에서 조립하고 칠하기가 번거롭다는 점이에요.

제가 처음 접한 반제품은 3년 전 인터넷 사이트 체험단으로 당첨되어 받은 스툴과 소셜 사이트에 굉장히 저렴하게 나와 구입한 테이블이에요. 그 전까지 얻어온 공간박스를 톱으로 자르고 자투리 나무로 엉성한 수납함을 만들던 저에게 반제품은 신세계였답니다. 드라이버로 조립만 했는데도 번듯한 가구가 탄생하고 거기에다 간단히 칠까지 하니 시중에 판매하는 가구 부럽지 않은 원목 가구가 탄생하더란 말이죠.

당시 체험단으로 받은 스툴을 완성한 후, 그냥 그대로 써도 좋지만 소량의 스테인을 사서 스펀지로 상판에 발라보았답니다. 이때 함께 조립한 테이블에도 같은 색의 스테인을 바르고 다리를 흰색으로 칠하니 멋진 테이블 & 스툴 세트가 완성되었죠. 멋모르는 초보 주제에 어디서 본 건 있어서 빈티지함을 살린다고 칠하다가 얼룩덜룩한 무늬를 만들어 놓고도 멋지다며 아주 좋아했던 기억이 나네요.

DIY를 처음 시작하시는 분들이 제게 많이 하시는 질문 중 하나가 페인트칠은 어렵지 않냐, 하다가 망치면 어떡하냐는 질문이에요. 그런 분들께는 학교 다닐 때 물감으로 그림 그리던 경험을 떠올리며 편한 마음으로 칠하시라고 권해드리고 싶어요. 페인트칠은 누구나 할 수 있고, 하다가 잘못 칠하면 그 위에 다시 칠하면 돼요. 그렇게 하나둘씩 서투르지만 내가 만든 가구들이 늘어나면 솜씨도 함께 늘어나니 너무 조급해하지 마세요.

반제품을 초보자에게 추천하는 또 하나의 이유는 DIY 초보자는 아무리 여러 번 도안을 그리고 나무를 재단주문 해도 오차가 날 수밖에 없기 때문이에요. 가구를 만들었을 때 반듯하지 못한 경우가 많아서 괜히 나무 값만 버리는 경우도 생기지요. 어느 정도 숙련되기 전에 큰 가구나 반듯한 가구를 만들기 원한다면 반제품을 사용하는 것이 좋습니다.

특히 셀프 인테리어로 신혼집을 꾸미려는 신혼부부라면 반제품 가구를 구입하는 것이 혼수비도 절약하고 나만의 스타일로 집을 꾸밀 수 있는 좋은 방법 중 하나가 될 수 있을 거예요. 단, 반제품을 사실 때는 꼭 여러 사이트에서 가격을 비교해보고 사용 후기도 꼼꼼히 읽어보셔야 해요. 간혹 반제품 중에 두께가 너무 얇은 나무로 부실하게 만든 제품들이 있어서 사용하다보면 쉽게 부서진답니다. 구입 전에 꼭 가격과 나무의 종류, 두께 등을 확인해 보세요.

반제품 평상형 소파를 가지던 날

before 사진은 처음 리폼을 시작하던 해 10월쯤의 거실 모습이에요. 어설프게 공간박스로 수납장 비슷한 것을 만들고, 헌 가구들을 무조건 흰색으로 칠하던 때랍니다. 소파 뒷벽에 모조 파벽돌도 붙이고, 남들이 보기에는 어설프지만 나름 참 재미있게 하나하나씩 바꾸어 나갔어요.

문제는 다른 가구들이야 흰색이나 다른 색으로 페인팅하면 되지만 소파는 페인팅을 할 수 없다는 사실이었어요. 당시 저희집 소파는 남편이 예전에 고른 어두운 초코색에, 덩치가 커서 천갈이도 되지 않는 소파였답니다. 소파만 바꾸면 집 분위기를 확 바꿀 수 있을 것 같았죠. 하지만 맘에 드는 완제품 소파는 비쌌고, 아무리 튼튼한 가죽소파라도 아이들을 기르는 집에서는 2년을 넘지 않아 가죽이 벗겨지고 찢어지고 만다는 경험을 통해, 이번에는 기필코 튼튼해서 거의 반영구적이라는 평상형 소파를 만들어 보겠다고 결심했답니다. 원목 평상형 소파를 갖는 것, 그게 그 당시 저의 가장 큰 꿈이었습니다.

우리가 흔히 시골에서 많이 보는 평상 아시죠? 평상형 소파는 그 모양을 기본으로 삼면에 등받이와 팔걸이를 두른 튼튼한 원목 가구예요. 반제품으로 구입할 예정이었지만 그래도 가격이 꽤 나가는 가구이면서 거실에서 가장 큰 가구여서 남편의 허락을 조심스레 구했지요. 결과가 어땠냐고요? 평상형 소파 사진을 보여주자마자 단번에 거절당했답니다.

"푹신한 지금의 소파가 좋아. 이거 완전 딱딱해서 불편해 보이는데!" 지금도 그렇지만 남편은 푹신한 소파와 혼연일체되어 텔레비전 보는 것을 낙으로 아는 사람이라, 나무로 만든 평상 모양의 소파는 아예 고려의 대상이 아니었어요.

그런 남편에게 쿠션과 매트를 깔면 푹신하다, 손님이 오면 침대로도 쓸 수 있다, 가죽이 벗겨질 걱정하지 않아도 된다, 영구적이고 편리하며 예쁘기까지 한 디자인이다 열변을 토했지요. 하지만 한 번으로는 어림도 없었습니다. 그래서 아침에 출근할 때 배웅하면서 말하고, 저녁에 돌아오면 밥 차리면서 말하고, 밤에 잠들기 전에도 계속 평상형 소파의 장점에 대해 말했죠. 그러기를 한 달, 남편이 허락을 하더군요. 저는 바로 주문에 들어갔고 곧 산더미 같은 나무들이 집으로 왔답니다.

셀프 인테리어 경험도 적은 주부가 꼬박 사흘 동안 조립하고 색칠해 평상형 소파를 만들었으니, 완성 후 심한 몸살을 앓았다는 건 말할 필요도 없겠지요. 지금은 자세한 과정샷도 많이 남아있지 않고 당시에는 목공 초보이기도 했지만, 내가 좋아하는 일을 하고 있고 그토록 갖고 싶던 평상형 소파를 만들고 있다는 생각에 만드는 동안 전혀 힘든 줄 몰랐어요. 믿어지세요?
그 당시 셀프 인테리어에 대한 저의 열정은 집도 한 채 뚝딱 지을 기세였답니다.

평상형 소파는 디자인이 질리면 다시 페인트칠할 수 있고, 매트커버와 쿠션만 바꿔 손쉽게 새로운 분위기를 낼 수도 있어요. 물론 튼튼한 원목이라 반영구적이기도 하고 침대와 소파겸용으로 쓸 수 도 있지요. 또 소파 밑 서랍 공간이 커서 웬만한 서랍장을 하나 구매하는 것 같은 효과도 있답니다. 싱글침대 사이즈로 제작하면 시중에 많이 나와 있는 싱글침대 사이즈의 기성 매트와 커버들을 이용해 손쉽게 인테리어에 변화를 줄 수 있어요.

프로방스풍으로 칠한 소파

조그만 가구에 페인트칠하거나 자투리 나무 또는 서랍으로 리폼하던 것에서 벗어나 처음으로 만들어본 큰 가구. 그리고 그걸로 인해 집이 확 바뀌는 경험을 하면서 저는 점점 더 규모가 있는 셀프 인테리어(예를 들면 초보자가 하기는 좀 어렵다는 벽 패널 작업이나 싱크대 리폼 등)에 '도전할 수 있는 자신감'을 얻었답니다. 우리가 학생 때부터 질리도록 듣는 격언이 있죠?

"하면 된다!"

남편은 애들에게 "니 엄마 나이 마흔에 깨달은 적성이 목수다. 선목수~" 라고 놀렸지만, 나이 마흔에서야 발견한 적성이 목수이면 어떻습니까? 행복하고 즐거우면 된 거죠. 주부로서 갱년기, 주부 우울증이란 말 대신 내 집을 꾸미고 가꾸는 일에 취미를 붙였으니 더할 나위 없이 행복한 일이지요.

인더스트리얼 카페풍으로 리폼한 소파

07 집을 확 바꾸는 벽 이야기

잊을 수 없는 날,
처음으로 네이버 메인에 내 블로그가 오른 날

　제가 이렇게 오래 셀프 인테리어와 DIY를 할 수 있었던 건 꼭 이게 나의 적성이라기보다는 고생하고 실수하면서 이루어낸 과정 하나하나를 같이 지켜봐주고 때론 비평과 칭찬을 해주었던 블로그 이웃들이 있었기 때문입니다. 사람은 사회적 동물이라는 말, 참 맞는 것 같아요. 사실 내 집에서 내가 뚝딱거리는 걸 누구에게 자랑하고 싶거든요. 그런데 그럴 때마다 옆집, 아랫집 이웃들을 부를 수는 없고 또 이웃들이 놀러온다 해도 차나 한 잔 마시고 가면 끝이지요.

인터넷 블로그는 사진을 올리면 알지도 못하는 많은 사람들이 내 집을 보고 가고, 내가 한 것들을 칭찬하고 격려하죠. 그런 것이 계속 이어지는 게 참 신기했습니다. 처음에는 완성 사진 한, 두 장을 핸드폰 카메라로 찍어서 올리던 것이 나중에는 여러 장을 찍어서 제법 설명이라는 걸 붙여서 하게 되었고, 그 다음에는 아무래도 핸드폰 사진은 사진의 질이 떨어지는 거 같아서 집에 있는 디지털 카메라로 찍게 되고 또 그것을 열심히 블로그에 올리면서 제가 제법 유명한 사람이 된 듯한 착각에 빠지기도 했답니다.

DIY를 한 지 1년만이던 어느 날, 포털사이트 네이버 메인에 제 블로그의 폼보드 창문 사진이 딱 떴었어요. 사실 지금이야 그런 일이 자주 있어서 그렇게 놀라운 일이 아니지만, 그 당시만 해도 하루 방문자 수가 몇 백 명이던 때인데 갑자기 방문자 수가 급증하면서 몇 천 명이 되자 좋아서 막 방방 뛰어다니며 가족들, 친구들에게 전화를 걸어 자랑을 할 정도로 가문의 영광이었죠. 나무도 아니고 폼보드(스티로폼처럼 생긴 희고 큰 보드)를 잘라서 만든 창문모양인데도 저희 집에 거의 2년이나 걸려있게 된 이유는 아마 그게 포털사이트에 뜬 제 첫 작품이었기 때문일 거예요.

제 폼보드 창문이 네이버 메인에 오른 이유는 아마도 작은 비용으로 집을 꾸미는 방법, 집을 확 달라보이게 하는 방법, 사람들이 원하는 셀프 인테리어가 바로 그런 것이었기 때문인 것 같아요. 그리고 제가 원하는 셀프 인테리어도 그런 맥락에서 크게 다르지 않다는 걸 깨닫게 되면서, 그간 작은 가구 페인트칠에 그쳤던 것을 확장해서 벽 전체를 페인트칠해보리라 용기를 내게 되었지요.

지금이야 사실 벽 페인팅이나 패널, 루바 이런 것들은 어려운 일이 아니지만 그 당시 저에게는 모험이었답니다. 벽을 잘못 페인팅하다가 망친다면, 나무 패널을 붙이다가 벽지가 찢어져 버린다면, 깐깐하고 보수적인 경상도 출신 남편 얼굴을 어떻게 보나 하는 걱정도 많았지요. 그래서 저렴하면서도 실패 없이 벽을 바꾸면서 집 전체를 확 변신시킬 수 있는 여러 가지 방법을 고민하기 시작했답니다.

패널 붙이기 _주방벽에 패널 붙이기

시트지 일색의 어둡고 칙칙한 주방을 그나마 하얗게 칠한 식탁이 좀 밝게 해주던 셀프 인테리어 초창기였죠. 가구만 바꾸지 말고 벽을 바꾸어 보자는 생각을 했습니다. 그러나, 제 실력을 못 미더워한 남편의 한마디. "그냥 살자, 일 벌리지 말고~"

뭐, 그런 상황이었기에 리폼해서 전보다 못하다는 소리를 들을 수는 없었지요. 그렇지만 큰돈을 들여서 벽을 뜯어고칠 수도 없었답니다. 고민하다가 가격도 제일 저렴하고 시공도 어렵지 않은 미송패널을 붙이기로 했어요. 그 당시 유행하던 프로방스풍 인테리어나 내추럴풍 인테리어는 벽의 절반만 패널을 붙이는 게 일반적이었는데 저는 그게 좀 촌스러워 보이더라고요. 벽 전체 길이만큼 패널을 붙이면 깔끔하고 멋질 거 같았지요. 하지만 목재의 길이가 160cm가 넘어가면 화물배송비가 따로 붙어서 160cm 미송패널(폭 10cm)을 주문할 수밖에 없었답니다.

화물배송비의 난관이 있었지만, 오만원 정도의 패널과 만원 짜리 페인트로도 충분히 만족스러운 리폼을 완성했어요. 무엇보다 저렴한 비용덕분에 더 애정이 간답니다. 패널은 루바나 벽지보다 가격이 저렴해서 벽지가 뜯어진 벽이나 밋밋한 벽의 느낌을 바꾸고 싶을 때 아주 쓸모있는 재료랍니다. 간혹 패널을 시공한 후 시간이 지나 패널이 들뜬다고 하시는 분들이 계세요. 일반 콘크리트벽에 그냥 본드만 사용해 시공하면 그런 현상이 생길 수 있답니다. 그래서 패널은 주로 석고벽에 타카와 본드를 함께 써서 시공한답니다.

재료 및 구입처
폭 10cm, 길이 160cm인 미송패널(중앙데코 시트라인)

1. 미송패널 뒷면에 목공본드를 지그재그로 바른다(몇 분간 둔 다음 붙이면 더 잘 붙는다).

2. 먼저 맨 아랫부분에 걸레받이용 패널을 가로로 붙이고 그 위에 세로로 미송패널을 한 장씩 끼워가며 붙인다(걸레받이 패널 안쪽은 ㄴ자 구조로 되어있어 끼우기 수월하다).

3. 패널을 세로로 다 붙인 후, 걸레받이 패널을 뒤집어(걸레받이 패널 안쪽이 ㄱ 모양이 됨) 세로패널 위쪽에 덮듯이 붙인다.

4. 타카를 패널의 위–중간–아래에 쏘아 더 단단하게 고정한다.

5. 스위치 자리의 패널은 스위치와 겹치는 부분을 연필로 표시해 톱으로 잘라낸 후 붙인다.

6. 끝부분에 남는 부분은 그 부분만큼의 폭이 좁은 패널을 적당히 잘라 붙인다.

7. 페인팅을 하기 전 스위치 등에 마스킹 테이프를 붙인다.

8. 페인트 붓으로 패널의 틈부분을 중심으로 페인트칠을 해준 다음, 넓은 벽면을 롤러로 매끈하게 칠한다 (빈티지한 느낌을 원하면 붓으로 약간 울퉁불퉁하게 칠한다).

9. 패널 위쪽 벽부분도 같은 색으로 칠해서 통일감과 깔끔함을 준다.

벽 페인팅 _벽을 확 바꾸는 기본

after

before

가구 페인팅에 재미를 붙여서 거실 가구들을 하나씩 칠해갈 무렵, 블로그가 제법 유명해져서 한 잡지사에서 인터뷰 요청이 들어왔답니다. 거실만 열심히 칠했지 안방은 보여주기 암담한 상태였어요. 그렇다고 인터뷰를 거절할 수도 없었죠. 고민 끝에 선택한 것이 벽 페인팅이었답니다. 간단히 페인트를 칠해 벽색만 바꿔도 집안 분위기가 180도 달라지는 효과가 생겨요. 그래서 사람들이 페인팅을 인테리어의 마법이라고 부른답니다.

보통 초보자는 벽에 페인트칠을 하려면 여러 명의 인력과 많은 시간이 필요할 것이라 생각하지만 실상은 그렇지도 않아요. 남편이 출근하고 애들을 학교에 보낸 후 가구를 방 가운데로 밀고 혼자서 살살~ 칠해주면 돼요. 한꺼번에 전체를 다 칠하려고 생각하지는 마세요. 하루에 한 벽씩 칠하고 주변 정리하고 하는 식으로 작업하면 가족들의 일상에도 지장을 주지 않고 인테리어를 업그레이드할 수 있답니다.

그런데 한 공간을 페인트칠할 때 생각해야 할 것은 단순히 페인트 색만이 아니에요. 그 공간의 용도와 가구와의 어울림을 반드시 생각해봐야 해요. 그냥 막연히 '이 색이 예쁠 거야'라고 생각하고 칠했다가는 나중에 참담한 실패를 경험할 수 있답니다. 예전 아들방을 전체적으로 인테리어할 때 제가 그랬죠. 막연히 '아들방은 그린색이 좋겠다. 그린은 집중력을 높여주고 사람을 차분하게 해준다던데'라고 생각하고 덥석 집에 있던 그린색을 발랐지요.

원래 딸아이방에 칠하고 남은 페인트를 벽의 반만 칠하는 하프 페인팅 기법으로 칠했는데 색이 너무 연하더라고요. 그래서 좀 더 진한 초록색으로 조색해 와서 다시 칠했지요. 분명 조색해 올 때는 참 예쁜 색이었는데 막상 칠하니 너무 유치한 색이 나오더라고요. 아들방이 상대적으로 빛이 잘 안 드는 구석진 동쪽방이라서 그런지 더 그렇게 보이더군요. 저녁에 집으로 돌아온 남편은 방을 보더니 "배릿네~, 배릿어~"라며 혀를 찼지요.

모든 방이 다 빛이 잘 들고 화사한 건 아니죠. 좀 구석방이라 해가 잘 들지 않는 방일수록 과감한 색보다는 화이트 계열의 색이 잘 어울린다는 걸 뼈저리게 실감한 날이었어요. 또 페인트색만 보고 칠하기보다는 그 비슷한 색을 벽에 대어보거나 잘 안 보이는 부분에 페인트를 조금 칠해보아야 한다는 걸 깨닫게 되었지요. '가구에 색을 넣어 포인트를 주면 되겠지'라고 스스로를 위로하면서 결국 아들방 벽은 차분한 분위기의 연그레이를 칠하고 창틀은 흰색으로 칠했답니다. 방이 어둡거나 좁다는 생각은 하지 않은 채 무작정 '아이방이니까 예쁜 색을 쓰면 되겠지'라고 페인트칠을 한 결과, 무려 세 번의 페인팅 후에야 마무리 할 수 있었어요. 페인팅은 공간을 확 바꾸어주는 마법임에는 틀림없으나 한 공간을 페인팅하기 전에 본인이 원하는 느낌은 무엇인가, 방의 가구와는 잘 어울리는가, 채광이나 공간에 적절한 색인가 등을 신중히 생각해야 실패 없는 변화를 이끌어 낼 수 있어요.

벽에 액자 달기 _쉽고 간단하게 분위기를 바꾸는 방법

패널이나 페인팅 같은 대공사는 자신이 없지만 집은 꾸미고 싶다고 생각하시는 분들을 위한 쉽고 간단한 벽 인테리어 방법, 액자 달기입니다. 방의 분위기에 어울리는 액자는 멋진 인테리어 소품일 뿐 아니라 계절에 따라 바꾸기도 쉬워 공간의 인상을 바꾸는데 좋은 아이템이죠. 꼭 못을 박지 않고도 액자를 달 수 있는 여러 가지 방법들과 액자는 비싸다고 생각하시는 분들을 위한, 몇 천원으로 멋진 액자를 만드는 방법을 소개해 드릴게요. 집에 마음대로 못을 박을 수 없는 경우에 정말 유용하답니다.

폼보드로 만드는 캔버스 액자

리폼 초창기, 안방벽을 북유럽 작업실 벽처럼 꾸미고 싶은데 액자 값이 너무 비싸 머리를 굴리다 떠오른 아이디어가 바로 이 폼보드 캔버스 액자예요. 만들기 쉽고 재료비도 몇 천원 정도일 뿐 아니라 폼보드라 가벼워 딱풀로도 붙일 수 있답니다. 블로그 포스팅 후 정말 많은 분들의 사랑을 받았던 액자로 가볍고 만들기도 쉬우면서 여러 개를 같이 붙이면 근사하고 감각적인 공간을 연출할 수 있어요.

1. 폼보드와 북유럽 이미지를 프린트해서 준비하고, 폼보드에 프린트한 이미지의 치수를 표시한다(프린트물로 폼보드를 감쌀 것이므로 이미지보다 작게 연필로 표시한다).
2. 바닥에 고무판 등을 대고 칼로 표시한 치수대로 폼보드를 자른다.
3. 캔버스 액자의 두께감을 내기 위해 자른 폼보드 뒷면에 스테이플러나 타카를 이용해 자투리 폼보드를 액자모양으로 붙인다.
4. 위에서 준비한 프린트로 폼보드를 감싸듯이 둘러주고 딱풀과 스테이플러로 잘 고정한다.
5. 앞으로 돌려 손으로 잘 펴준다.

캔고리 액자

before

after

페인팅을 한 후 주방벽은 깔끔해졌지만 뭔가 허전한 느낌이 들었죠. 그래서 주방벽에 주방과 어울리는 액자를 달아주고 싶어졌답니다. 당시 제가 빠져있던 프로방스풍이나 빈티지 느낌의 액자를 구할 수가 없어서 직접 만들어보기로 했어요.

헌 액자나 천원숍 등에서 파는 액자를 이용하면 저렴한 비용으로도 충분히 느낌 있는 액자를 만들 수 있답니다. 그런데 헌 액자나 천원숍 등에서 파는 액자들은 벽에 걸 고리가 없는 경우가 많아요. 이런 경우 먹고 남은 캔 고리를 작은 나사못으로 액자 위에 박아 액자고리로 쓰면 된답니다. 액자를 원하는 위치에 나란히 달아주면 마치 고급 세트액자를 산 것 같은 느낌을 줘요.

노트표지 액자 만들기 _시침핀으로 액자걸기

신학기가 되어 아이들 노트와 연습장을 사러 마트에 갔다가 각 도시 사진이 담긴 노트를 발견했어요. 그 순간! 이걸 액자에 넣을 이미지로 사용하면 좋겠다는 생각이 떠올랐죠.

천원숍 등에서 저렴한 가격에 사온 검은 프레임의 액자에 노트 표지를 잘라내 넣어줬더니 북유럽풍 스타일의 모던하고 깔끔한 액자가 만들어졌어요. 볼 때마다 여행 가보고 싶은 도시의 야경이 내 집벽에 담겨 빛나고 있는 것 같아 마음이 설렌답니다. 방법도 너무 간단해서 설명할 것도 없죠.

노트의 앞표지만 커터칼로 깔끔히 잘라내고 액자에 넣어준 후, 뒷면에 캔 고리를 박아서 액자고리를 만들면 끝이랍니다. 벽에 못을 박을 수 없을 때는 시침핀을 벽지에 꾹 눌러 박은 후에 그 위에 액자를 걸어보세요. 작고 가는 시침핀 따위가 액자 무게를 버티겠냐고요? 손대지만 않으면 몇 년이 지나도 짱짱하게 잘 붙어있답니다.

08 주부의 꿈이 담긴 주방

저는 집안의 인테리어에는 꼭 그 집의 주인인 주부가 참여해야 한다고 생각한답니다. 그것이 셀프 인테리어든 혹은 전문가에게 맡겨서 하는 공사든 간에 말이죠. 그 이유는 집에서 가장 많은 시간을 보내고, 집을 관리하고, 집을 속속들이 다 아는 사람이 주부이기 때문입니다. 전업주부뿐 아니라 직장을 다니는 주부라 해도 마찬가지예요. 본인이 원하는 수납공간과 동선, 취향을 주방에 반영하면 힘든 가사노동을 좀 더 빠르고 편리하고 기분 좋게 할 수 있습니다. 인테리어 업체에 맡기는 경우에는 아무래도 주부 개인의 취향과 용도를 파악하는 데 한계가 있지요.

주방이 바뀌면 확실히 주부도 바뀌더군요. 저는 직장맘과 전업맘을 둘 다 경험했는데 사실 식사준비와 설거지는 즐거웠던 적이 거의 없었답니다. 불편하고 좁은 주방, 또는 정리가 안 되거나 수납공간이 부족한 주방에서 일을 했기 때문이에요. 하지만 셀프 인테리어를 하면서 제가 필요한 곳에 수납공간을 만들고 제가 좋아하는 취향으로 페인트칠을 하자 주방일이 좀 더 즐거워지고 편리해졌답니다. 기존 아파트 인테리어에서 제공하는 일률적이고 개성 없는 주방을 본인의 살림과 수납 스타일에 맞게 고치는 일은 생각보다 그리 어렵지 않아요. 물론 단순히 벽 페인팅을 한다거나 가구 리폼을 하는 것보다 주방 리폼은 분명 큰일이긴 하지만, 그만한 노동과 노력의 가치는 충분히 보상받을 수 있는 일이라는 생각이 들어요.

처음 저희 아파트 주방의 기본적인 인테리어는 분명 새 아파트임에도 불구하고 올드해 보이는 시트지가 가득했었답니다. 흰색이 아닌 아이보리색의 하이그로시 재질은 누렇고 번쩍이는데다 하부장의 짙은 나무결 무늬 필름지는 집을 더 어둡고 좁게 보이게 했지요.

제일 먼저 생각한 리폼은 식탁 밑 공간을 수납공간으로 활용할 수 있는 아일랜드 식탁이었어요. 하지만 벽을 바꾸지 않으면 아무리 가구를 리폼해도 전체적인 분위기를 바꾸는 데 한계가 있더라고요. 식탁 옆에 패널 벽을 붙인 다음 시작한 것이 바로 싱크대 리폼이에요.

당시 누구나 화이트로 싱크대 리폼을 하던 때라 저도 화이트로 칠하려고 했는데, 흰색이라면 질색을 하던 남편과 아이들은 외쳤답니다. "병원이가? 흰색 결사반대!" 그래서 서로 양보해 칠하기로 한 색은 당시 너무 예뻐서 한 통 주문해 가지고 있던 올리브그린이었어요.

1. 싱크대는 필름지나 시트지 재질이 많으므로 반드시 페인트를 칠하기 전에 두세 번 정도 젯소칠을 한다.
2. 젯소가 완전히 마르면 그 위에 페인트칠을 두세 번 정도한다(매끈한 표면을 원한다면 롤러를 사용한다).
3. 입체감 있는 싱크대를 원한다면 폭이 좁은 패널을 액자모양으로 붙여준다.
4. 그 위에 다시 페인트칠을 하고 마감으로 바니쉬를 최소 3번 이상 바른다(물이 닿기 쉬운 곳이므로 바니쉬를 여러 번 꼼꼼히 칠한다).
5. 주방도구 모양의 그래픽 스티커를 붙여 장식한다.

🎨 재료 및 구입처
홈스타 젯소, 조광페인트 올리브그린, 폭 6cm 나무패널(바이올), 그래픽 스티커(홈플러스)

싱크대 리폼 사진을 블로그와 카페에 올린 후, 뜨거운 반응에 놀랐답니다. 재료와 페인트 색에 대한 문의 댓글도 수십 개씩 받고 네이버 메인이나 잡지사 인터뷰 대부분이 싱크대 리폼에 관련된 것들이라 본의 아니게 유명한(?) 사람이 되었지요. 아마도 싱크대 리폼에 관한 주부들의 관심도 컸었고 자주 보이는 화이트가 아닌 그린색이 상큼하고 화사해 보여서 그랬었던 것 같아요(남편이 한동안 자기 덕분에 색상 선택을 잘해서 그런 거라며 으스대고 다녔던 게 기억이 나네요). 또 블로그 글 밑에 기록한 적은 비용 때문이 아닌가 하는 생각도 들었어요. 지금도 그렇지만 당시만 해도 집을 고치는데 큰돈을 들일 수 없어서 늘 '어떻게 하면 최소의 비용으로 최대의 효과를 낼까' 고민을 많이 했는데 그런 부분들이 공감을 많이 받았던 것 같아요. 리폼 후 2박 3일 정도 몸살로 고생하기는 했지만 참 뿌듯했답니다.

몇 개월 후 상부장도 하부장처럼 패널을 대어준 후 화이트로 리폼을 했어요. 싱크대 하부장 리폼을 해서 그런지 상부장 리폼은 그렇게 어렵지 않더군요. 답답해 보이던 상부장 문짝을 떼어내서 넓고 트인 느낌을 주고, 냉장고 옆에 칠판을 만들어 냉장고 속 남은 재료도 메모할 수 있고 요리 레시피 등도 붙여둘 수 있도록 했답니다.

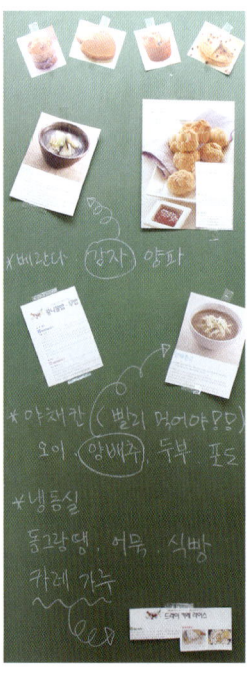

1. 폭이 좁은 패널을 주문해 싱크대 문 크기에 맞게 잘라준다(패널치수를 미리 잰 후 주문해도 되지만 초보자라면 오차가 날 확률이 높다).
2. 액자모양으로 문짝마다 패널을 둘러준다.
3. 문짝 안쪽 나사를 돌려 답답해 보이는 싱크대 문짝을 떼어낸다.
4. 싱크대 안까지 구석구석 페인트칠을 한다.
5. 긴 싱크대 문짝 하나에 칠판 페인트를 칠한다(포인트도 되고 메모도 할 수 있다).

빈티지하고 시크한 인더스트리얼 스타일

처음 셀프 인테리어를 시작하던 해, 많은 유명 블로그를 구경하면서 제가 배운 인테리어의 주경향은 프로방스 스타일이었습니다. 프로방스란 프랑스 남부의 전원도시로, 프로방스 스타일은 엔틱하고 목가적이며, 화사한 스타일의 인테리어에요. 사실 지금 생각해 보면 인테리어에도 패션처럼 유행이 있을 텐데, 처음 접한 인테리어 스타일이어서 그랬던지 프로방스 스타일을 꽤 오래 고수했답니다. 남들이 북유럽 스타일로 심플하고 모던하게 집을 꾸밀 때도 화이트를 중심톤으로, 화사하면서 문양도 화려하고 여성스러운 프로방스 스타일을 혼자 꿋꿋이 고수하며 '난 나만의 스타일로 간다'라는 고집이 있었죠. 고집이 길어질수록 여성스럽고 프로방스한 스타일은 나만 좋아하고, 남편이나 가족들은 그다지 좋아하지 않더군요.

"뭔데~, 뭐 이리 다 하얗나"

"엄마 우리 집 정신병원같아"

"뭐가 이리 주렁주렁하는데~?"

뭐, 이런 구박을 들으면서 가족들도 좋아하고 나도 좋아할 수 있는, 남과 다른 스타일은 없을까를 고민하기 시작할 때쯤 접한 것이 인더스트리얼 스타일의 인테리어였습니다. 원래 빈티지 스타일을 좋아하던 저에게 인더스트리얼 스타일은 황홀한 신세계였죠. 철과 나무의 조화, 빈티지하지만 너무 올드하지 않고 현대적 감각과 어울려 시크해 보이기까지 한 그 매력에 푹 빠지게 되었습니다. 공부를 하다 보니 인더스트리얼 스타일이 대부분 카페 인테리어 스타일로 많이 사용된다는 것도 알게 되었지요. 커피를 좋아해서 카페를 꽤나 다녀본 저에게 인더스트리얼 스타일은 딱 맞는 옷이라 느껴졌어요. 나도 화이트만 고집하지 말고 이런 스타일을 한번 시도해 봐야겠다고 생각할 때 즈음 유명한 페인트 회사의 체험단이 될 기회가 왔답니다. 체험단 활동을 하면서 철재와 가장 비슷한 느낌의 과감한 블랙에 가까운 그레이색 페인트를 주문하고 가구를 과감히 변신시켜 나갔지요.

먼저 리폼을 시작하던 초기에 작업한 프로방스 스타일의 하얀 서랍장(당시 유행하던 미스트랄 타일과 몰딩까지 붙인)을 무겁고 시크한 철제 느낌이 나는 인더스트리얼 스타일로 리폼했는데, 180° 전혀 다른 스타일로 변화되는 모습이 너무 재미있게 느껴졌답니다. 그 때부터 '집안의 모든 가구를 본격적으로 카페 인더스트리얼 스타일로 바꾸어보자'고 생각하게 되었죠. 흰색을 싫어하던 가족들은 이런 변화를 환영해 주었답니다.

인더스트리얼 스타일 리폼으로 간단히 서랍장 페인트칠만 다시 해도 됐지만 저는 무거운 타일을 깐 상판을 제거해줬어요. 보통 이런 서랍장의 경우, 서랍을 빼내고 나면 상판안쪽과 연결돼 있는 나사 같은 것이 있는데 그걸 풀고 망치로 위쪽을 톡톡 두드려 주면 쉽게 빠져요. 같은 사이즈의 나무를 준비해 해체한 순서와 반대로 상판을 덮어주고 나사를 조인 뒤, 프로방스풍 다리 대신 서랍장과 같은 색으로 칠한 시크하고 각진 다리로 바꿔주면 리폼 끝이랍니다.

after

before

기존의 프로방스 스툴에도 시크한 블랙이나 그레이색 계열의 페인트를 칠해주면 아주 쉽게 전혀 다른 느낌을 낼 수 있답니다. 최소의 비용으로 유행에 따라 스타일을 바꾸면서 매번 색다른 느낌의 가구를 가질 수 있다는 것! 그게 페인트를 이용한 가구 리폼의 좋은 점이죠.

인더스트리얼 가구를 직접 제작하다

제가 처음으로 심혈을 기울여서 만든 인더스트리얼 수납장이에요.

인더스트리얼 인테리어에 가장 많이 쓰이는 것은 철재와 고재입니다. 나무는 목공소나 온라인 재단사이트에서 얼마든지 구할 수 있지만 철재는 구하기가 쉽지 않아요. 보통 가구점이나 공방에서도 철재골조는 따로 주문을 하기 때문에 단가가 올라간다고 합니다. 또 고재 역시 패널 장당 가격이 상당히 고가라서 쉽게 구할 수 있는 제품이 아니었지요. 그렇지만 전 쉽게 포기하지 않았답니다. '이가 없으면 잇몸으로, 재료가 없으면 땜빵(?)으로 갖고 싶은 가구는 꼭 가져야겠다' 다짐했죠. 가구에서만은 욕망의 아이콘이 되더라고요.

혼자 고민을 많이 했답니다. 각재(각목)를 블랙으로 칠하면 철재처럼 보일 것 같고, 고재는 일반 나무를 헌 것처럼 칠하면 되지 않을까라는 상상을 하면서요. 그러던 중 그런 저의 상상에 날개를 달아줄 기회가 왔답니다. 한 고재 판매사이트에서 콘테스트를 하고 있었어요. 샘플로 고재나 타일을 몇 장 주는데 그걸 가지고 멋지게 작품을 만들면 나중에 1, 2, 3등을 뽑아 수 십 만원의 자사 상품권을 준다는 거였습니다.

사실 셀프 인테리어에 관심을 가지고, 인테리어/DIY 블로그들을 순회하다보면 정말 많은 이벤트들이 있어요. 용기 있는 자가 미녀를 아니, 상품을 차지하지요. 이런 것들을 잘 활용하면 얼마든지 저렴한 비용(때로는 공짜나 다름없는 비용)으로 집안을 꾸밀 수 있어요.

8장인가 9장 정도의 샘플 고재를 받고, 도대체 뭘 만들 수 있을까 한숨이 먼저 나오더군요. 그래서 생각했죠. 갖고 싶은 수납장은 일반 나무로 만들고 그 문짝만 이 고재를 활용해 보자고요. 고재가 가격이 좀 되기 때문에 고재를 다른 나무패널로 대체해 만들어도 괜찮아요.

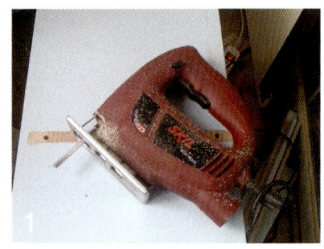

1. 집에 있는 가구를 분해하고 남은
   나무 등을 원하는 크기대로 직소기로 자른다.

2. ㅁ자 모양으로 수납장의 틀을 만들고 틀의 내부 사이즈를 잰 후
   (가로는 0.2×3 = 0.6cm, 세로는 0.4cm 정도 작게 재단), 블랙 페인트를 칠한다.

3. 패널을 2에서 잰 세로 사이즈로 자른다.
4. 2에서 계산한 가로 치수를 2로 나누어 그 길이만큼 패널을 이어준다.

5. 이은 패널(문짝)의 한 쪽면에 본
   드와 나사못 등을 이용해 가로
   로 패널을 붙인다.

6. 문짝을 뒤집어서 블랙으로 칠한 쫄대를 패널의 가장자리와 중간지점에 +자로 붙이고 나사못으로 고정한다.

7. 손잡이와 경첩을 달아준다.

8. 문이 잘 닫혀 고정될 수 있게 문 안쪽에 빠지링을 달아주고, 문 바깥쪽에는 빈티지한 느낌이 나도록 곳곳에 스텐실을 찍는다.

9. 얇은 나무패널(5t)을 타카나 나사못으로 붙여서 뒤판을 막아준다.
10. 가운데에 패널을 하나 더 잘라 붙여 뒤판패널을 안정적으로 잡아준다.

11. 위아래를 뒤집어서 사각다리를 달고 몸체와 같은 색의 페인트를 뒤판과 사각다리에 칠한다.

과감한 빈티지 표현에 빠지다, 스크랩우드

인더스트리얼 인테리어에 빠질 수 없는 요소 중에 하나가 바로 스크랩우드 기법입니다.
스크랩우드 기법이란 조각난 나무 혹은 자투리 나무를 모아 가구를 만들거나, 벽면을 표현하는 기법인데요. 각각의 다른 모양과 색이 모여 낡고 긁힌 것처럼 보이지만 자연스러움과 빈티지함이 드러나 매력적인 스타일을 만들어 준답니다. 과거 스크랩우드는 폐자재의 활용적 측면에서 사용되던 기법인데 지금은 그것 자체가 빈티지 내지 레트로 스타일이 되어 아주 비싼 가구가 되었죠.

재료 및 구입처
스툴 (THE DIY)

1. 무도색(칠을 하지 않은 상태)
   스툴을 준비한다.

2. 상판에 연필로 선을 그어 나누어 준 후, 조각도로 연필선을 따라 파낸다.
   이때 선이 반듯할 필요가 없으므로 삐뚤삐뚤하게 파내어도 상관없다.

3. 전체적으로 하도색(페인트가 벗겨졌을 때 밑에 은은하게 보이는 페인트 색)으로 짙은 색 우드스테인을
   바른다.
4. 파낸 선을 기준으로 마스킹 테이프를 붙이고 한 줄씩 다른 색 페인트를 칠한다.
5. 다 마르면 마스킹 테이프를 떼어내고 사포질을 한다.

6. 다리와 몸체부분도 상판에서 사용한 페인트들을
   적절히 활용해 칠하고 사포질한다.

분위기 있는 카페 느낌, 빈티지 스툴

인더스트리얼 인테리어는 주로 카페 인테리어에 많이 활용돼요. 빈티지한 스툴, 짙은 나무색과 창문, 고재 등의 요소들은 모두 카페 인테리어에 잘 어울려서 모던하고 시크한 느낌의 카페 스타일을 연출한답니다. 그래서 인더스트리얼 인테리어를 좋아하면서 만든 가구 중에는 카페풍 가구들이 꽤 많아요. 그 중 하나가 간단히 커피 스텐실만 하나 찍었을 뿐인데 카페 의자 느낌이 물씬 나는 빈티지 카페 스툴이에요. 만드는 방법도 그리 어렵지 않답니다.

1. 반제품 스툴 의자에 짙은 색 스테인을 바른다.
2. 초록색 페인트에 검정색 페인트를 조금 섞어 톤다운된 녹색을 만든다.

3. 스툴 다리와 몸체에 빈티지한 느낌이 나도록 듬성듬성 초록색 페인트를 칠한다.
4. 상판 역시 듬성듬성하게 초록색 페인트를 칠하고, 중간 중간 나무색 스테인을 살짝 덧바른 후 얼른 물휴지로 닦아내어 얼룩진 듯한 나무결을 만든다.
5. 카페 느낌이 나도록 커피문양 스텐실을 찍어주고 마르면 전체적으로 바니쉬를 발라 마무리한다.

휴일도 월급도 없는 주부에게 유일한 낙은 혼자 있는 오전
시간에 마시는 한 잔의 커피랍니다. 카페 느낌이 물씬
나는 스툴에 앉아 마시는 커피는 더 향긋할 거예요.

10 보기에 예쁜 집, 살기에 좋은 집

처음 셀프 인테리어를 시작할 때 마음은 그랬습니다. 잘 꾸며진 예쁜 집에 살고 싶다고, 한정된 비용 안에서 최대한 멋지게 그림같이 예쁜 집을 꾸미고 싶다고. 그래서 가족들과도 많이 싸웠던 거 같습니다. 예쁜 것만 생각했지 가족의 취향이나 생활의 편리함을 생각지 않았기 때문이지요. 무엇보다 벽의 대부분이 화이트라는 인테리어의 기본을 가족들은 가장 싫어했어요. "정신병원이가?" "엄마 우리집이 언덕 위의 하얀집이야?" 라며 싫어했음에도 불구하고 저는 묵묵히 제 소신대로 화이트만을 고집했습니다. 사실 집을 가장 넓어보이게 하고 환하게 보이게 하는 게 화이트인 것만은 변함없는 사실이니깐요.

거기에 프로방스풍을 좋아해서 무거운 타일을 올려 리폼한 가구들이 옮기기 힘들어도 마냥 좋았고, 저렴한 비용으로 붙이긴 했지만 플라스틱인 모조벽돌이 깨지지 않게 조심하라는 등 가족들에게 잔소리를 해댔습니다. 주렁주렁한 화분이나 장식을 갖다놓고 다소 정신없어도 '괜찮아 예쁘잖아' 그러면서 정당화를 했답니다.

그런데 보기에만 예쁜 집은 한계가 있습니다. 무엇보다 저희 집에는 어지르고 치우지 않는 아이 둘과 뭐든지 버리지 않고 쌓아두는 남편이 있었기 때문에 화이트의 그림같이 예쁜 집을 유지한다는 것은 참 힘든 일이었습니다. 저 역시 그리 깔끔하고 정리 잘하는 주부는 아니였기 때문에 생활 습관을 고려하지 않고 예쁜 집만을 고집한다는 것은 불가능에 가까운 일이었죠. 사실 가족이 예쁜 집에서 행복하게 살자고 셀프 인테리어를 하는 건데, 그 인테리어가 가족들을 불편하게 해서는 안 되겠다는 생각이 조금씩 들기 시작하더군요.

헌 가구들이나 재활용품들을 리폼하는 것이 너무 재미있어서 블로그 아이디도 '리폼하는 써니'라고 지었는데요. 크게 필요한 물건도 아닌데 무조건 가지고 와서 리폼한 것들이 자리를 차지하고 집을 비좁게 만드는 것을 보고 앞으로는 계획을 가지고 리폼을 해야겠다고 생각했습니다. 그리고 잘 사용하지 않거나 없어도 되는 것들은 과감히 버리는 습관을 지니려고 노력했지요.

인테리어의 기본은 정리정돈과 청결이라는 깨달음도 얻게 되면서 그 이후 저의 셀프 인테리어 작업은 주로 공간에 맞춘 수납가구 만들기로 진행되었답니다.

취지가 좋아서 시작한 저의 취미생활이었지만, 가짓수가 늘어나서 정리가 되지 않는 DIY 재료들과 생활용품들을 보기좋게 많이 수납할 수 있는 방법을 고민하게 되더군요. 그러다보니 공간에 딱 맞게 제작하는 것에 중심을 두게 되었습니다.

정리를 해주어도 자꾸 어지르는 딸아이의 화장대를 뚜껑을 덮어버리는 방식으로 제작해서 딸에게 하는 잔소리도 줄이고 저도 스트레스를 덜 받는 방법도 내어놓았지요. 또 빈 침대 밑에 서랍을 짜서 넣는다던가 어중간한 좁은 공간에 틈새옷장을 만들어 아이방에 수납공간을 늘려주자 방이 어질러지는 일이 훨씬 적어졌습니다.

유명한 수납책에 이런 말이 적혀있더군요. 아이에게 정리를 안 한다고 잔소리를 하지 말고 정리할 수 있는 공간을 만들어주라고. 각 물건의 자리를 만들어주고, 항상 물건을 그 자리에 보관하게 하면, 자연스레 정리정돈하는 습관이 길러질 것이라고. 뭐 지금도 여전히 가족들이 정리를 아주 잘 하는 건 아니지만 그래도 수납공간이 늘어나서 예전보다 집이 훨씬 깔끔해진 것은 사실입니다.

또 하나의 큰 변화는 벽은 무조건 화이트여야 한다는 관념을 버리고 자연스럽고 쓰기 편한 방식으로 가구를 리폼하면서 가족의 취향도 고려했다는 점이에요. 그 결과 가족들이 더 이상 불평하지 않았답니다(거기에는 제가 취향을 인더스트리얼 스타일로 바꾼 사심도 작용을 했지만요). 아파트에 적용하기 힘든 고전틱한 취향을 버리고 철재나 가전제품들이 다 잘 어울릴 수 있는 스타일로 집을 꾸미자 더 이상 가전제품이 보기 싫

다고 스트레스를 받거나 무조건 나무로 만든 가구여야 한다는 고정관념에서 벗어날 수 있었어요. 철제 가구도 좋고, 짙은 색 가구도 괜찮다는 포용력이 커지면서 인테리어는 더 편해지고 더 자연스러워지더군요. 아래에 언급하겠지만 저도 남들처럼 완벽해야 하고 집안의 모든 부분이 다 조화로워야 한다는 강박관념을 가지고 있었나 봅니다.

이제는 빛이 부족한 공간에 기존의 화이트한 벽을 유지하면서 포인트색을 좀 더 늘려 밋밋하지 않고 나와 가족의 취향을 같이 맞출 수 있는 인테리어를 하고자 노력한답니다.

예를 들어 아래 사진 속 복도의 조명을 펜던트등으로 바꿔 달면 좀 더 아름다울 텐데 하고 고집을 부리다가 '다니면서 걸리적거리거나 너무 과한 인테리어는 싫다'라는 남편의 말에 수긍해서 양보하고 그대로 둔다던가, 아이방을 꾸밀 때 예전에는 제가 좋아하는 스타일로 꾸몄지만 지금은 아무리 작은 것이라도 아이에게 어떤가를 물어보는 것은 몇 년의 셀프 인테리어 과정에서 생긴 작은 변화입니다.

많은 이들이 셀프 인테리어를 꺼려하거나 좀 하다가 그만두는 이유가 있습니다.
그건 바로 완벽과 조화에 대한 강박관념 때문입니다.

'여기를 고쳤을 때 안 예쁘면 어쩌지? 안 어울리면 어쩌지?'
'여기를 페인팅했을 때 벗겨지거나 울퉁불퉁하지 않을까, 매끈하고 완벽하게 마감할 수 있을까?'

제가 셀프 인테리어를 하고자 하는 분들에게 가장 많이 받는 질문도 그런 종류의 것들입니다.

"페인트칠을 하면 벗겨지지 않나요?"
"제가 패널작업을 하고 싶은데 들뜨지 않을까요?"
"셀프 인테리어를 했는데 안 어울리면 어쩌죠?"

우리는 인테리어 전문가가 아닙니다. 어떤 작업을 했을 때 실수할 수도 있고, 어울리지 않을 수도 있습니다. 그렇지만 그런 과정을 보완하고 수정해서 우리집에 어울리게, 살기 좋게 꾸며나가는 것이 셀프 인테리어입니다. 전문가가 하는 인테리어의 단점은 뭐 물론 비용문제는 말할 것도 없지만, 집의 겉만 꾸며주지 그 집에 사는 사람들까지 세세히 배려해주지 못합니다. 내 집과 내 인테리어 취향을 가장 잘 아는 사람은 바로 나 자신입니다. 그런 내가 스스로 집을 꾸미고 고치고 살면 당연히 편하고 마음에 들 수밖에 없겠지요.

물론 살다보면 '페인트가 벗겨진다, 패널이 들뜬다'라는 문제점이 생길 수도 있습니다. 하지만 전문가가 시공한다고 해서 그런 하자들이 하나도 없지는 않을 겁니다. 그렇지만 내가 작업한 내 집이니까 문제가 생겨도 고칠 수 있습니다. 페인트가 벗겨지면 다시 칠할 수도 있고, 패널이 들뜨면 그 부분을 다시 고정하거나 고칠 수 있습니다. 왜냐하면 내가 한 것이기 때문에 내가 제일 잘 알 수 있지요. 수리하는 사람을 며칠씩 기다리거나 큰돈을 지불할 필요도 없습니다.

그렇게 직접 꾸미고, 보수하고 정리하면서 나와 가족이 살기에 좋은 집을 만들어 가는 것, 그게 바로 셀프 인테리어라고 생각합니다. 여러분이 완벽해야 한다는 고정관념, 집의 모든 부분이 조화롭게 어울려야만 한다는 고정관념을 버린다면 여러분만의 아름다운 집을 완성하실 수 있으실 거예요.

PART 2

실전편

* 거 실

01 거실장 리폼

거실장은 거실 전체 이미지를 결정하는 데 큰 역할을 하는 가구입니다. 그렇지만 보통 이 거실장에는 텔레비전이나 오디오, 셋톱박스 등 여러 가지 기기들이 복잡하게 올려져 있어서 한번 바꾸거나 리폼하려면 큰마음을 먹어야 하죠.

셀프 인테리어 초기, 온 집안을 화이트풍으로 만들어버리겠다고 다짐했을 때, 모던한 거실장은 다른 가구들과 어울리지 않았어요. 그래서 페인트칠을 하고 싶었는데 가전기기 사랑이 지극한 남편은 행여 텔레비전이나 오디오에 문제가 생길까 거실장은 손도 대지 말라는 엄포를 놓았답니다. 그래서 전 어떻게 하면 거실장 위의 가전기기들을 치우지 않고 리폼할 수 있을까 고민을 했죠. 그때 생각했던 것이 거실장 위에 나무 상판만 살짝 올리고 아래만 흰색으로 페인팅하는 것이었습니다. 그럼 텔레비전이나 오디오를 옮기거나 해체하지 않고도 충분히 리폼할 수 있을 테니까요.

VOL 1. 내추럴 프로방스 스타일로 리폼하기

재료 및 구입처
브라운색 아크릴 물감, 던-에드워드 페인트 DEW 344, 던-에드워드 우드스테인(나무와사람들)

1. 거실 상판 크기에 맞게 나무를 준비한다(인터넷 목공소에서 재단주문하면 간편하다).
2. 짙은 색 우드스테인을 발라준다.
3. 거실장 위에 상판을 올려주고 타카로 고정한다(원상복구를 할 수도 있기 때문에 본드는 쓰지 않는다).

4. 아래 몸체를 흰색으로 칠한다. 페인트가 마른 후, 브라운색 아크릴 물감을 칠한 우드손잡이를 달아준다.

남편이 반대할까봐 남편이 자는 사이 비밀리에 치러진 007 작전이었고, 자고 일어난 남편은 하얗게 칠해진 거실장을 보면서 한숨을 쉬었지만 결과적으로 온 집안 가구가 프로방스풍으로 바뀌면서 집이 아름다워지고, 그걸 계기로 방송출연도 하게 되자 남편의 불평은 쏙 들어갔답니다. 방송출연까지 하게 해준 만족스런 프로방스 스타일의 거실장이었지만, 2년이 지나니 확 다른 분위기, 약간은 어둡지만 편안한 카페 같은 분위기를 내는 가구로 바꾸고 싶다는 생각이 들었어요. 빈티지 숍에서 파는 몇 백만 원하는 트렌드 가구, 사지 말고 한번 만들어 보자 결심했죠.

재료 및 구입처
거실 문 사이즈의 미송합판 4장, 미송패널 2장, 나사못 몇 개, 손잡이 5개(THE DIY)
/ 던-에드워드 우드스테인 미디엄 오크, 던-에드워드 DE 6385 black bean(나무와사람들)

1. 바닥에 마스킹 테이프를 깔고 가구의 손잡이를 떼어낸다.
2. 거실장 테두리 부분에 검은색 페인트(삼화페인트 검정)를 칠한다.
3. 서랍 앞판에 붙일 미송합판에 스테인을 칠해둔다.
4. 타카로 서랍 앞판에 합판을 붙인다.

5. 유리부분을 제외한 테두리 부분에 나무패널을 타카로 붙여주고, 스테인을 칠해준다.

6. 분위기에 어울리는 손잡이를 달아준다.
7. 나무패널 등의 간격자를 이용해서 다른 서랍에도 같은 간격으로 손잡이를 달아준다.

8. 스텐실 등을 이용해 장식한다.
9. 철제 가구 느낌이 나게 나사못을 테두리에 일정한 간격으로 박는다.

화이트 프로방스풍 소파를 인더스트리얼 스타일 소파로

소파는 거실장과 더불어 가장 큰 가구인 동시에 거실의 분위기를 결정짓는 중요한 역할을 합니다. 텔레비전과 더불어 저의 남편이 가장 사랑하는 가구이기도 하지요. 앞서 좌충우돌 셀프 인테리어기에 말했듯이 푹신한 소파를 포기 못 한다는 남편을 설득해서 평상형 화이트 소파를 만든 날, 저는 세상을 다 얻은 것처럼 기뻤답니다. 하지만 사람의 마음은 변하는 법. 2년 넘게 화이트 소파를 보다보니 살짝 지겹더라고요. 그래서 아늑하고 본래의 원목 분위기가 물씬 풍기는 인더스트리얼한 카페 스타일로 변신시켜보기로 했어요.

저희 집 원목 소파는 이미 한번 하얗게 칠해버려서 어떻게 꾸며도 프로방스풍이 되더라고요. 그렇다고 원목 느낌을 내자고 소파를 다시 살 수도 없고 난감했답니다. 머리를 싸매고 고민한 끝에 소파를 해체하고 원래 있던 상판을 뒤집어서 나무색을 내보자 결심했지요. 위, 아래를 뒤집기만 했을 뿐인데 전혀 다른 분위기를 풍기다니, 놀라운 변화지요?

before

after

분위기가 확 달라져 소파와 주변 가구가 모두 새로 산 것 같은 느낌도 들어요. 비결은 페인트 색을 통일하는 데 있답니다. 소파와 주변 가구들을 같은 색이나 비슷한 계열의 색으로 맞추면, 페인트 구매 비용도 줄이면서 세트 가구 같은 통일감도 주는 똑똑한 인테리어가 된답니다. 많은 가정에서 사용하는 블랙 색상이나 브라운 색상 소파는 그 자체로도 카페 분위기나 인더스트리얼한 분위기와 잘 어울려요. 그런 집이라면 소파는 바꾸지 마시고, 나머지 벽이나 다른 가구들의 색을 소파에 맞춰보세요. 천갈이나 쿠션을 바꾸는 등 패브릭의 변화만으로도 집 분위기를 확 바꿀 수 있답니다.

1. 소파의 상판은 나사못으로 박은 구조이므로 나사를 풀어 상판을 분해한다.
2. 철골구조 느낌이 나도록 소파 프레임을 블랙 계열 페인트(던-에드워드 페인트 DE 6357 진회색)로 칠한다.
3. 상판을 뒤집어서 나뭇결이 보이게 다시 조립한다.

4. 상판을 끝까지 다 조립한 후 살짝 사포질한다.
5. 원목 느낌을 살려 스테인(던-에드워드 우드스테인 미디엄 오크)을 칠한다.
6. 아래 서랍도 상판과 같은 색으로 칠하고 손잡이를 단다.

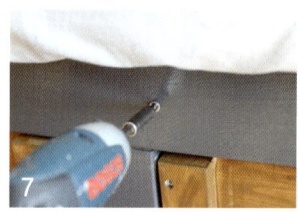 

7. 앞서 거실장처럼 소파 앞에 나사못을 일정한 간격으로 박아 장식한다.
8. 철제 느낌이 나는 카페풍 소파가 완성된다.

03 거실 테이블 만들기

기존에 무겁고 이동도 불편한 큰 거실 테이블을 쓰다 보니 가벼우면서도 수납도 가능하고 이동이 가능한 테이블이 있으면 좋겠다는 생각을 하게 되었어요. 자료를 찾아보니 인더스트리얼 거실 테이블은 대부분 바퀴가 달려있어서 이동도 가능하고 예쁘더라고요.

그래서 인테리어 화보를 참고해 직접 도안을 그리고 조립해 만들어 봤어요. 열심히 뚝딱거리니, 우리 집 분위기에 딱 맞는, 멋스럽고 빈티지 느낌이 물씬 나는 테이블이 탄생했답니다. 이동이 가능하고 웬만한 책이나 잡동사니도 다 들어가는 편리한 테이블이어서 제가 아주 좋아하는 가구 중의 하나에요.

자, 그럼 나무 값만 들여서 실속있는 거실 테이블을 한번 만들어 볼까요?

도안

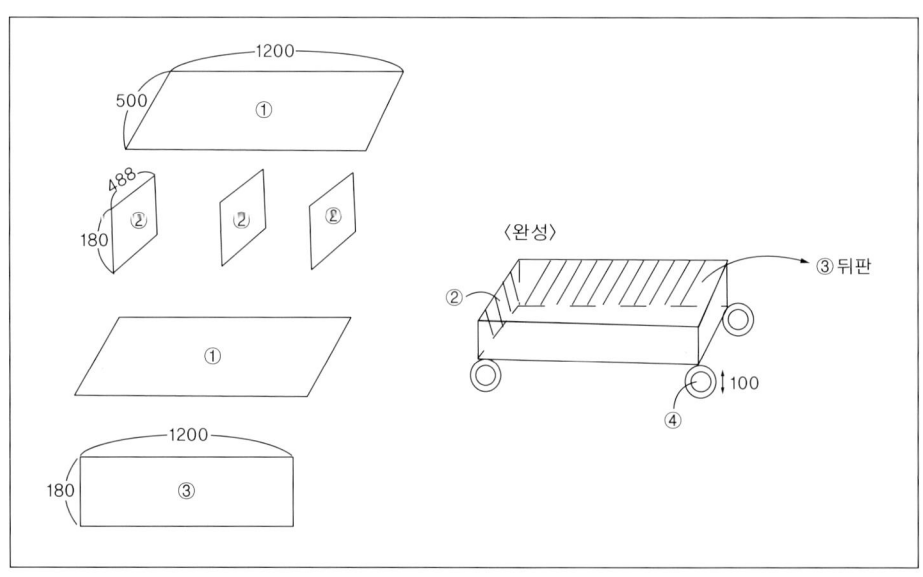

삼나무 두께 18mm
① 위판 1200×500mm
　아래판 1200×500mm

삼나무 두께 18mm
② 옆판(총 2개) 488×180mm
　중간 칸막이 488×180mm

삼나무 두께 12mm
③ 뒤판 1200×180mm

④ 바퀴 100mm(4in)

before

after

🟫▌ **재료 및 구입처**

목재 재단과 바퀴(THE DIY) / 던-에드워드 우드스테인 라이트오크,
비오파 천연 우드왁스(나무와사람들)

1. 도안의 치수에 맞게 나무를 재단주문한다.
2. 몸체가 될 밑판의 가로축에 나사를 결합할 수 있게 드릴로 나사구멍을 낸다.
3. 밑판과 뒤판을 나사못과 본드로 결합한다.

 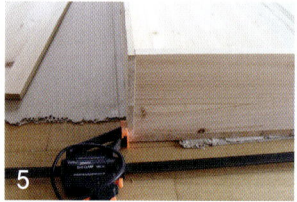 

4. 옆판을 ㄴ자 모양으로 결합한다(퀵그립 등으로 꽉 잡아준 후 나사를 조립한다).
5. 나머지 옆판을 ㄷ자 모양으로 결합한다.
6. 밑판의 가운데 지점을 연필로 표시한다.

7. 미리 표시해둔 선을 따라 중간 칸막이를 질러준다.
8. 뒤집어서 밑판에서 칸막이 나무쪽으로 나사를 박는다.
9. 이렇게 가운데가 잘 결합된 후 테두리에 본드를 발라준다.

10. 위에 상판을 올리고 나사못을 박아 몸체와 단단하게 결합한다.

11. 상판 위에 난 나사구멍 자국 등은 메꾸미로 잘 메꾸고 마른 후, 사포질로 매끈하게 정리한다.

12. 뒤집어서 이동하기 편하게 바퀴를 단다(고정장치가 달린 바퀴를 달아주면 이동과 고정이 자유로워 더 편리하게 쓸 수 있다).

13. 스테인으로 전체를 칠한다(조립하기 전에 미리 칠해두면 좀 더 편하다).

14. 상판에 빈티지한 스텐실을 찍어 장식한다.

15. 테이블 위에 음식물이나 음료수가 묻을 수 있으므로 방수기능이 뛰어난 천연 우드왁스를 발라준다.

16. 둘레를 돌아가면서 나사못을 박아주면, 소파와 세트같은 느낌이 나면서 더욱 빈티지스러운 테이블이 완성된다.

재료 및 구입처
던-에드워드 울트라클리어 우드 피니쉬,
던-에드워드 페인트 DE 6357,
던-에드워드 수성스테인 미디엄오크(나무와사람들)

　심플하게 소파만 하나 놓고 살고 싶지만 꼭 소파 옆에 협탁이 있어야 하는 이유! 가전제품 사랑이 지극한 남편 때문이에요. 자고로 집에서도 영화 볼 때는 팝콘을 들고 스피커를 빵빵하게 틀어놓고 봐야 한다는 남편 때문에, 소파 옆에는 항상 스피커와 간식이 올라갈 공간이 있어야 하죠. 또 소파와 한 몸인 남편을 위한 손톱 깎기, 리모컨 등이 항상 소파 근처 서랍에 있어야 한답니다. 그래서 저희 집 소파 옆에는 좌청룡, 우백호가 아니 좌협탁, 우협탁이 필수랍니다.

시크한 블랙과 내추럴한 원목이 어울리는 이 예쁜 협탁은 아주 고급스럽고 새것 같아 보이지만, 사실 재활용장에 버려져 있던 아주 흔한 체리색 가구를 가져와 처음에는 프로방스 스타일로, 그리고 인더스트리얼 스타일로 총 두 번의 리폼을 거친 연식이 좀 오래된 아이예요. 정말 쓸 만큼 써서 가장자리가 벗겨지고 낡았던 상태였지만, 재질이 원목이고 디자인이 독특해서 가져왔어요. 당시 홀릭해 있던 프로방스풍으로 하얗게 칠하고 위에 장미문양 스텐실도 콩콩 찍어서 2년 정도 잘 썼답니다. 이번에는 시크하고 세련되게 디자인을 변경해 보았어요.

1. 페인팅 전에 먼지를 닦고 서랍은 빼서 분리해 놓는다.
2. 오래된 상판은 나사못을 풀어 떼어낸다.

3. 떼어낸 상판과 비슷한 크기의 상판을 재단하여 준비한다(모던한 디자인을 위해 각진 상판으로 준비).
4. 철제 느낌이 나도록 테두리에 유광 블랙 페인트를 칠한다(서랍 앞판도 같은 색 페인트로 칠해준다).

5. 협탁 아랫부분의 치수에 맞게 나무를 잘라준다. 자른 나무판과 협탁 상판에 스테인을 칠한다.
6. 딱 맞게 자른 아랫부분 나무판을 망치로 톡톡 쳐서 끼워 넣는다.
7. 타카나 피스로 밑판을 옆에서 고정한다.

8. 상판을 아래에 두고 협탁을 뒤집어서 나사못을 박는다.
9. 상판에 스텐실을 찍어준다.

10. 아크릴 물감이 마르면 도안을 떼어낸다.

11. 오염을 방지하기 위해 전체적으로 바니쉬를 발라준다.

12. 서랍 앞판에 어울리는 손잡이를 달아준다.

시크하고 모던한 카페풍 협탁 만들기

소파와 같이 구매하지 않고서는 소파와 어울리는 협탁을 고르는 것은 쉽지 않습니다. 또 조그만 협탁이라도 의외로 가격이 비싸답니다. 그렇다고 본드와 유해성분이 가득 들어간 MDF(Medium Density Fiberboard의 약자로 중밀도 섬유판재)와 시트지로 만들어진 가구를 구입하는 것은 꺼려지죠.

비록 인테리어 화보 속 철제 가구를 집에서 만들 수는 없지만, 각재로 철제 느낌이 나도록 만들면 화보 같은 인더스트리얼 가구를 만들 수 있지 않을까하는 생각이 들었어요. 그래서 얼른 종이에 도안을 그리고 치수대로 주문해 조립했더니 분위기 있고 멋진 카페풍 협탁이 완성되었답니다.

재료 및 구입처
던-에드워드 수성스테인 미디엄오크, 던-에드워드 페인트 DE 6356(나무와사람들)

1. 재단한 나무의 서랍 부분을 타카를 이용하여 ㄴ자 모양으로 조립한다(전기 타카가 없다면 무두못을 사용한다).
2. ㄷ자 모양으로 조립한다.
3. ㅁ자 모양으로 조립한다.

4. 서랍의 바닥이 될 부분을 덮어주고 역시 타카로 잘 박아 서랍을 완성한다.
5. 뒤집으면 서랍이 완성된다. 같은 모양을 두 개 만든다.
6. 협탁의 골조가 될 각목을 조립하기 전에 연필로 간격을 표시하고, 연결할 부분에 드릴로 구멍을 내준다.

7. 각재를 퀵그립 같은 도구로 잡아준 후, 드릴구멍에 맞춰 나사못을 박아 사다리 모양으로 조립한다(연결할 부분에 본드를 바른 후 나사를 박아주면 내구성이 좀 더 높아진다).

8. 같은 방법으로 두 개의 사다리 모양을 만든다.

9. 두 개의 사다리 모양을 세 개의 각목으로 연결한다. 6~7과 같이 먼저 드릴로 구멍을 낸 후, 나사못을 박아 조립한다.

10. 남은 부분도 세 개의 각목으로 연결한다. 이때 나사못이 충돌할 수 있으니 약간씩 엇갈리게 박아준다.

11. 서랍이 들어갈 때 지지할 수 있도록 안쪽에 각재(빗금친 부분)를 하나 더 대주면 가구의 구조가 완성된다.

12. 상판을 붙이고 완성한 서랍이 맞게 들어가는지 확인한다.

13. 나사못이 들어간 자리에 목심을 넣어 드릴구멍을 막아준다.
14. 실톱이나 목다보톱으로 목심을 잘라내고 매끄럽게 사포질한다.
15. 상판은 나뭇결이 살아나게 스테인을 칠한다.

16. 상판에 페인트가 묻지 않도록 마스킹 테이프를 붙인다.
17. 각재에는 스틸이나 철제 느낌이 나도록 블랙 색상의 페인트를 칠한다.
18. 서랍도 상판과 같은 색의 스테인으로 칠하고 손잡이를 달아준다.

19. 밋밋한 서랍 앞판에 숫자 스텐실을 찍어준다.

06 캐비닛 리폼

카페나 스튜디오에 가면 꼭 서랍이 많이 달린 철제 캐비닛이 있어요. 인더스트리얼 인테리어의 대표적인 아이템! 캐비닛은 멋스러우면서도 수납공간까지 많아 참 탐나는 아이템이지만 주부 입장에서 구입하기에는 부담스러운 금액이더군요. 빈티지 가구점에서 만져보고 침만 흘리던 그 가구를 집에 있는 사무용 캐비닛으로 만들어 봤어요.

우선 주변에서 사무용이나 가정용으로 쓰이는 조그만 캐비닛 서랍장을 구해봅니다. 집집마다 혹은 사무실에 하나씩은 있는 이런 평범한 이케아 서랍장. 리폼을 할 목적으로 중고제품을 한두 개 구입해도 좋고, 인터넷이나 소셜 사이트에서 세일할 때 구입하셔도 좋습니다. 일반 큰 캐비닛과는 달리 이런 이케아 제품들은 작아서 자리 차지도 덜하고 서랍도 많아서 상비약에서부터 배터리나 전선, 영수증 등 삽나안 불선늘을 한번에 수납할 수 있는 효자 아이템이에요. 단, 가격이 저렴하고 내구성도 우수하지만 항상 조립해야 한다는 단점이 있어요. 조금 번거롭긴 하지만 아래 과정을 차근차근 따라서 조립하다보면 싼 가격에 아주 튼튼한 철제 가구를 가지실 수 있을 거예요.

재료 및 구입처

철제 서랍장 2개(마켓비) / 레터링지(THE DIY) / 던-에드워드 페인트 DEA 151(빨강), DEA 121(노랑)

이케아(마켓비) 서랍장

1. 먼저 부품을 같은 종류별로 모은다.
2. 몸체에 기다란 레일을 하나씩 끼운다.

3. ㄷ자로 생긴 받침을 맨 아래에 끼운다.
4. 반대편도 같은 방법으로 서랍 레일을 끼운다.
5. 반대편에 받침부분을 끼우면 11자 모양으로 옆면이 완성된다.

6. 뒤판을 끼운 후 플라스틱 고정핀(하얀색)을 아래에 끼워준다.
7. 뒤판을 잘 끼운 후 위쪽 안쪽 철판부분을 안으로 접어 고정한다.
8. 뚜껑을 위에서 아래로 씌우듯이 끼운다.

9. 드라이버로 바닥에 바퀴를 단다(몸체 조립 끝).

10. 서랍몸체를 점선에 따라 ㄷ자로 접는다(화살표 표시된 쪽이 안으로 들어가게 한다).

11. 서랍 앞판에 손잡이를 끼운다(뒤쪽에서 드라이버로 돌려 끼운다).

12. 서랍 앞판과 몸체 부분을 연결한다.

13. 서랍 뒤판도 끼워주고 튀어나온 고리부분을 접어서 고정한다.

14. 완성된 서랍을 몸체에 하나씩 끼운다.

15. 똑같은 방법으로 서랍장을 하나 더 만든다.

16. 서랍 중 한 개씩을 골라서 포인트색을 칠해준다. 철제서랍에 그냥 페인트칠을 하면 잘 안 발릴 수 있으니 먼저 젯소칠을 2~3회하고 페인트칠을 한다.

17. 포인트 서랍을 제외한 나머지 서랍들의 손잡이는 드라이버로
    분리해 검정색 스프레이 락카를 뿌려 몸체와 같은 통일감을 준다.
18. 옆면에는 레터링지로 원하는 문구를 새긴다.
    레터링지는 동전이나 붓 뒤로 문질러주면 예쁘게 새겨진다.

19. 서랍 앞에 숫자 스텐실을 찍어준다. 포인트 색상이 들어간 서랍은
    꼭 바탕색과 대비되어 번호가 잘 보이는 색을 아크릴 물감으로 찍어준다.

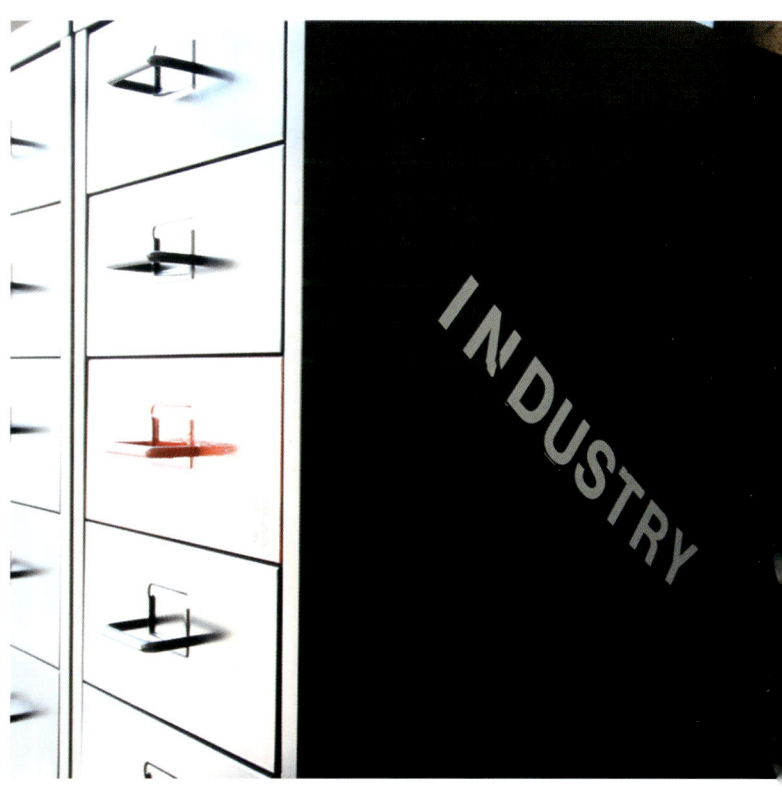

버려진 주방 수납장을 거실 책장으로

거실에 책장을 하나 놓고 자주 보는 잡지책이나 요리책 등을 꽂아두고 싶은데 맘에 들어 손이 가는 책장 디자인이 없어서 고민 중이었어요. 카페풍 거실에 어울리는 철제 스타일의 멋진 책장은 구입하기에는 너무 비싸죠. 그래서 낸 아이디어가 버려진 주방 수납장을 리폼해서 직접 책장을 만드는 것이었어요. 페인트와 자투리 나무만 있다면 버려진 가구를 멋진 인더스트리얼 스타일 책장으로 변신시킬 수 있답니다.

재료 및 구입처
손잡이(다이소), 던-에드워드 페인트 DE 6356,
던-에드워드 우드스테인 미디엄오크, 던-에드워드 울트라클리어 우드 피니쉬,
던-에드워드 DEA 151(빨강), DEA 121(노랑)

1. 젯소칠(1번) 후, 흰색 페인트를 3번 정도 칠한다. 철제가 얇기 때문에 작은 붓으로 감싸듯이 여러 번 칠한다.
2. 버려진 가구(서랍 등)나 자투리 나무를 본드와 타카(또는 못)를 사용해 상판에 붙인다.
3. 길이가 맞지 않는 부분은 톱으로 잘라 붙인다.

4. 브라운색 아크릴 물감을 물에 타서 바르거나 수성스테인을 칠한다.
5. 상판의 오염을 방지하고 적당한 광택감이 살아나도록 바니쉬를 바른다.

6. 서랍을 빼내고 상판 주위에 마스킹 테이프를 꼼꼼히 붙인다.
7. 메탈 느낌이 나도록 블랙 계열의 페인트를 칠한다.

8. 빈티지한 원목 느낌을 주기 위해 미송합판이나 자투리 나무 등을 선반 크기대로 자른 뒤, 못과 본드로 붙인다(크기대로 재단주문도 가능).
9. 선반에 수성스테인을 칠한다.

10. 바니쉬를 한두 번 정도 바른다.
11. 서랍 앞판에 원하는 색을 칠해 포인트를 준다.
12. 링고리 모양 손잡이(천원숍에서 구입)를 달아 메탈 느낌을 살려준다.

재료 및 구입처
불투명 시트지(인터넷 구입, 창문 크기보다 5cm쯤 넉넉하게 주문) / 던-에드워드 페인트 DE 6334(나무와사람들)

1. 드라이기의 뜨거운 바람을 쐬어 가며 기존 문에 붙어있던 시트지를 떼어낸다.
2. 분무기에 물과 주방세제를 몇 방울을 넣고 섞어 유리창에 뿌린다.
3. 유리창 크기보다 2~3cm쯤 여유있게 시트지를 자른다.

4. 시트지를 밀대로 밀어가면서 유리창에 기포없이 붙인다(잘못 붙였을 경우에 다시 떼고 붙일 수 있도록 2의 과정에서 물을 충분히 뿌린다).
5. 커터칼로 시트지의 테두리 여유분을 유리창 끝부분에 맞추어 잘라낸다.
6. 10cm 정도 간격으로 연필선을 그어주고, 연필선을 따라 커터칼로 잘라내 블라인드 같은 느낌을 준다.

7. 창에 페인트가 묻지 않도록 전체적으로 마스킹 테이프를 붙인다.
8. 문은 자주 여닫기 때문에 페인트가 벗겨지기 쉬우므로 반드시 젯소칠을 한두 번 정도 해 준다.

9. 좁은 부분이나 모서리는 작은 붓으로 페인트칠 한다.
10. 넓은 면은 롤러로 매끈하게 칠한다. 두세 번 페인트칠한 후 바니쉬를 발라서 마감한다.

09 카페 테이블과 의자 만들기

    요즘 대부분의 아파트들은 베란다 확장형이라 창가가 넓습니다. 그래서 창가에 근사한 테이블을 두고 카페 같은 분위기를 즐기고 싶어 하시는 분들이 많지요.
커피를 좋아하는 저도 처음 이사 왔을 때 꼭 이루고 싶었던 꿈이 창가 카페였어요. 그래서 미숙한 솜씨로 여러 가지 테이블과 스툴 등을 만들어 창가에 놓고 행복해 했습니다.

예전에는 우드와 화이트가 어우러진 프로방스풍의 테이블이 대부분이었지만 요즘 카페에 가보면 철제의자에 고재(오래된 나무)가 어우러진 빈티지하고도 멋진 테이블과 의자가 많습니다. 아주 탐나지요. 저런 테이블과 의자만 있으면 우리 집도 카페 부럽지 않은 분위기를 낼 수 있을 텐데 말이죠.
그래서 만들어봤습니다. 낮에는 집안일 하다가 잠시 차를 마시며 쉴 수 있는 공간, 밤에는 야경을 바라보며 책을 읽거나 작업을 할 수 있는 공간인 나만의 창가 카페입니다.

VOL 1. 카페 테이블

재료 및 구입처
카페테리아 테이블, 애쉬 스툴(THE DIY) / 던-에드워드 페인트 DE 6385, 던-에드워드 페인트 우드스테인 라이트오크(나무와사람들)

1. 철제다리가 튼튼한 반제품 테이블을 준비한다.
2. 사포로 모서리와 거친 부분을 문질러서 손질한다.

3. 우드스테인을 스펀지 붓으로 바르고 말리기를 서너 번 정도 반복한다
   (나무결을 살리면서 빈티지한 카페 테이블 같은 느낌이 난다).

4. 큼지막한 스텐실을 테이블 중앙에 찍는다.
5. 오염을 막기 위해 상판에 바니쉬를 두세 번 발라준다(목재용 천연오일도 ok).

1. 반제품 스툴의자를 준비한다.
2. 의자 상판에 내추럴한 우드스테인을 스펀지 붓으로 바른다.
3. 테이블과 같은 철재 느낌을 내기 위해 목재다리를 블랙 색상으로 칠한다.

4. 페인트가 다 마르면 전체적으로 사포질을 해서 거친 부분을 다듬는다.
5. 의자 상판을 뒤집어서 지지대를 나사못과 목공본드를 사용하여 붙인다.
6. 나사못과 목공본드를 이용해 지지대에 의자다리를 붙인다.

7. 의자다리를 상판에 나사못으로 고정한다.
8. 뒤집어 봤을 때 네모 모양이 되도록 만들고, 각 나사구멍에 나사를 박는다.
9. 다리의 중간 지지대를 못으로 박아 튼튼하고 안정적인 의자를 만든다.

10. 밋밋할 수 있는 의자 상판에 카페에 어울리는 커피 스텐실을 찍어준다.
11. 의자 뒤편에 간단한 레터링을 새겨서 장식한다.
12. 오염을 방지하기 위해 바니쉬를 두세 번 바른다.

10 거실조명 교체

"인테리어의 완성은 조명이다"

인테리어에 관심 있는 분들이라면 한 번쯤은 들어봤을 이야기죠.
하지만 전기까지 다뤄가며 조명을 바꿔 단다는 게 왠지 불안하고 큰마음을 먹어야만 할 수 있는 일 같아서 많이 꺼려져요. 그렇다고 전문가를 부르자니 조명가격도 비싸고 설치비도 만만치 않아 경제적으로도 부담이 되고요.

게다가 만약 교체한 조명이 기존 조명이랑 규격이라도 다르면 떼어낸 자리가 보기 흉하게 남아있는 경우도 있어 많은 분들이 조명 교체를 어려워하시죠. 그렇지만 기본 원리만 알면 매우 간단한 것이 또 조명 교체예요. 조명 사이트에서 저렴하게 구입한 조명으로 집안 분위기를 확 바꾸는 방법을 보여드릴게요.

🪵 🔧 **재료 및 구입처**
까사라이트 포엠상드리에 8등, 미송패널(5T) 5장, 던-에드워드 우드스테인 미디엄오크(나무와사람들)

120

1. 작업 전 우선 차단기를 내린다. 다 내려도 되고 '조명'이라고 구분이 되어있으면 그 스위치만 내려도 된다.
2. 조명마다 다르지만 자세히 보면 돌려 푸는 부분이 있다. 그 부분을 풀면 전선 두 가닥이 나온다.
3. 교체하려는 조명에 있는 전선 두 가닥을 천장에 달린 두 개의 선에 하나씩 연결한다.

 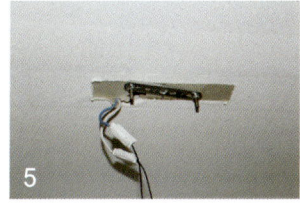 

4. 전선의 피복이 벗겨진 채로 있으면 1대1로 꼬아서 연결한 후 절연 테이프로 감는다.
5. 사진처럼 전선 연결용 스위치(하얀색)가 따로 끼워져 있는 경우에는 조명선을 한 가닥씩 스위치에 끼워 준다. 그런 다음 드라이버를 이용해 길게 자처럼 생긴 평철을 천장에 고정한다.
6. 평철과 전선을 감싸면서 전등의 캡을 씌워주고 고정장치를 돌려서 달아주면 완성이다.

7. 기존에 전등을 떼어낸 자리에 벽지가 찢어져서 흉하게 자국이 남았다.
8. 기존 전등 자국을 가리기 위해서 길이만큼 패널을 잘라 준비한다.
9. 내추럴하게 우드스테인을 칠한다.

10. 패널을 하나씩 드라이버나 타카로 박아서 기존 전등 자국을 가린다.
11. 가운데 전등이 달린 부분은 패널을 반으로 잘라서 붙인다.
12. 나무패널로 멋지게 마무리된 카페 조명이 완성된다.

* 주방

01 주방벽 타일 붙이기

오래되고 누레진 주방벽을 환하고 깔끔하게!

원래 주방벽 타일은 크기가 큰 회색 타일이었습니다. 회색이라 주방이 어두워 보였고, 표면이 울퉁불퉁해서 주방에서 일하면서 튀는 물때나 기름때가 쉽게 끼어 잘 닦이지 않았어요. 그래서 북유럽 인테리어부터 레트로, 인더스트리얼 인테리어까지 널리 쓰이는 베이직한 사각타일을 주방에 시공했어요. 어때요? 훨씬 환하고 깔끔해 보이죠?

'다른 셀프 인테리어는 몰라도 타일 시공은 좀 어렵지 않을까?'하는 생각이 들 수 있지만, 약간 난이도가 있긴 해도 크게 어렵지 않답니다. 무엇보다 전문업자를 부르면 비용도 상당하고, 일부 전문업자들은 자기 가게에서 타일을 사지 않으면 잘 시공해 주지 않으려고 하기 때문에 셀프 시공을 하는 것이 비용과 스타일면에서 생각보다 많은 이득을 볼 수 있어요. 주말에 반나절씩 이틀 정도의 시간을 투자하면 충분해요. 그럼 주방 타일 시공, 한번 시작해볼까요?

재료 및 구입처
노르딕 타일, 타일본드, 시멘트 등 기타 부자재(THE DIY) / 타일커터기, 뿔헤라(문고리닷컴)

🖌 타일 붙이기

1. 먼저 타일본드나 시멘트가 묻으면 안 되는 곳에 커버링 테이프를 붙인다.
2. 전기콘센트나 가스관 커버 같은 부분을 미리 떼어내고 시공하면 편하다. 사진처럼 가위나 헤라를 옆 부분에 끼워 밖으로 밀어내면 쉽게 커버가 떨어진다.
3. 타일본드와 뿔헤라를 준비한다.

4. 뿔헤라로 타일본드를 떠서 벽에 골고루 얇게 잘 펴 바른다(뿔헤라의 울퉁불퉁한 면이 타일본드를 굴곡 있게 발리게 해 타일을 더 잘 붙도록 한다).
5. 타일본드 위에 약간의 간격을 두고 타일을 일정하게 붙여준다. 손으로 꾹꾹 눌러서 벽에 잘 밀착하게 해주고, 타일본드는 너무 많이 바르지 말고 타일 한 줄 정도 붙일 수 있게 바르고 붙이고를 반복한다(이때 시작점을 아래로 잡고 차곡차곡 위로 붙여주면 좋다).

6. 콘센트 부분은 일단 비워두고 주변을 먼저 붙인다.
7. 나중에 커버를 씌울 때를 대비해 주변에 약간의 공간을 남겨놓고, 6에서 비워둔 콘센트 옆 부분 크기에 맞춰 타일커터로 자른 타일을 붙인다.
8. 작아서 벽에 본드를 붙이기 힘든 부분은 타일에 직접 타일본드를 발라서 붙여준다.

9. 벽 가장자리 부분의 크기에 맞춰 타일을 자르고 깔끔하게 붙여 마감한다.
10. 하루 정도 타일본드가 굳게 놔둔다.

🖌 시멘트줄눈 넣기

회색 시멘트 줄눈을 넣어주면, 때가 잘 타지 않아 관리가 편하고 빈티지한 느낌도 살릴 수 있다.

1. 플라스틱 통에 시멘트를 붓고 포장지 겉면에 적힌 사용방법을 참고해 알맞은 양의 물을 붓는다.
2. 나무젓가락이나 플라스틱 헤라 등으로 시멘트를 잘 저어 치약 농도 정도로 만든다.
3. 고무장갑이나 비닐장갑을 낀 손으로 타일 위에 시멘트를 마구마구 발라준다. 이때 줄눈 사이사이에 시멘트가 잘 들어가도록 문질러준다.

 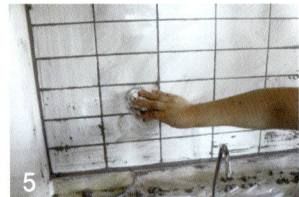 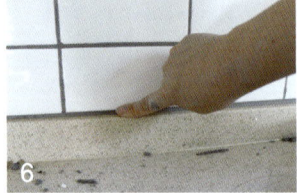

4. 전체적으로 시멘트를 골고루 다 발라준 후 잠시 말린다(시공면적이 넓다면 말리는 단계는 생략해도 된다).
5. 물을 꼭 짠 스펀지나 걸레로 타일 표면이 반짝반짝해질 때까지 서너 번 반복하여 닦아준다.
6. 끝모서리 부분을 손가락으로 한번 문지르면서 쓸어주면 깔끔하게 정리된다. 시공이 끝나면 떨어진 시멘트 조각은 바로 치우고, 사용한 시멘트통은 바로 씻는다.

타일 자르기

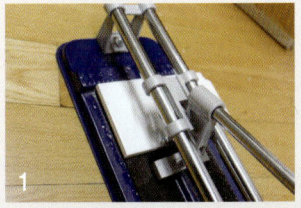 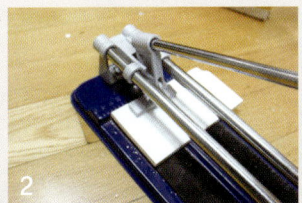 

1. 타일커터기에 타일을 끼우고 자르려는 부분에 커터기 앞날로 가볍게 선을 긋는다.
2. 타일 고정핀을 표시해 준 타일 맨 앞 가운데에 두고 고정한다.
3. 커터기 손잡이를 누르면 타일이 사진과 같이 깔끔하게 잘린다.

노르딕 타일

유럽권에서 많이 쓰이는 이 타일은 주로 지하철 벽에 많이 시공된다 하여 일명 서브웨이 타일 혹은 북유럽권에서 많이 사용된다고 해서 노르딕 타일이란 이름으로 불리는 베이직한 사각타일이에요. 표면이 반질반질해 오염이 묻어도 닦기 쉽고, 디자인도 반듯하고 깔끔해서 주방이 청결해보이기 때문에 많이 사용돼요.

02 싱크대 리폼

깔끔하고 세련된 주방으로 변신

　주부들이 셀프 인테리어에서 제일 많은 관심을 갖는 부분은 역시 싱크대입니다. 하루 중 많은 시간을 보내는 곳이 주방이다 보니 내 스타일에 딱 맞게 고치고 싶은 욕심도 더 크기 마련이에요. 그렇지만 싱크대 리폼은 망설여지죠. 일단 범위가 굉장히 넓고 그만큼 해야 할 일도 많기 때문이에요. 그렇다고 싱크대를 새로 맞추거나 전문업자에게 맡기자니 비용이 어마어마하지요. 어찌 보면 셀프 인테리어가 꼭 필요한 장소가 바로 주방인 것 같아요.

좌충우돌 셀프 인테리어기에서 올리브 그린색으로 리폼한 주방을 기억하시나요? 주방일을 좀더 즐겁게 만들어준 인테리어였지요. 그런데 더 깔끔하고 세련된 스타일의 주방에 대한 열정이 조금씩 솟아오르기 시작했답니다. 그레이 색상으로 바뀐 싱크대 리폼은 호불호가 갈릴 수 있지만 모던한 멋이 살아있답니다.

🍾 재료 및 구입처
던-에드워드 페인트 DE 6367 Covered in
Platinum(나무와사람들) / 미송패널(8T) 20장,
손잡이, 수건걸이(THE DIY)

1. 시공했던 기존 몰딩이나 패널 등을 제거한다. 틈 사이에 헤라를 집어넣고 망치로 살살 쳐서 떼어낸다.

2. 붙어있던 스티커나 이물질 등도 깨끗이 떼어낸다(잘 떼어지지 않을 때는 헤라로 긁어내거나 스티커 제거제를 뿌린 후 떼어낸다).

3. 보통 싱크대는 필름지나 시트지 재질이 많으므로, 페인트칠 전에 꼭 젯소를 두세 번 정도 발라 페인트 가 잘 먹고 벗겨지지 않게 전처리를 해준다.

4. 싱크대 문의 세로치수를 재고 치수대로 나무패널을 잘라준다 (미리 치수를 재서 재단주문할 수도 있지만, 오차를 줄이기 위해서는 시공을 하며 그때그때 잘라 사용하는 편이 좋다).

5. 자른 나무패널을 타카로 문짝에 세로로 붙인다(타카가 없는 경우 목공본드와 무두못으로 붙여준다).

문의 가장자리에 패널을 너무 바짝 붙이면 나중에 문이 열리지 않아 요. 가장자리에서 1cm 정도 떨어진 곳에 붙여주세요.

6. 두 패널 사이의 간격을 재고 그 치수에 맞게 패널을 잘라 붙인다.

딱 맞게 잘라 가로패널이
세로패널 사이에 잘 안
들어간다면, 망치로 살살
치면서 위치를 잡아주세요

7. 굴곡진 부분부터 붓으로 페인트를 칠한다.
8. 롤러로 남은 부분을 칠한다(롤러를 사용하면 보다 빠르고 매끈하게 페인트를 칠할 수 있다).

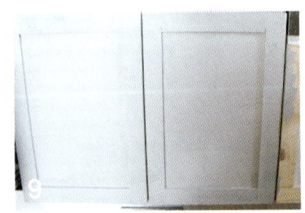  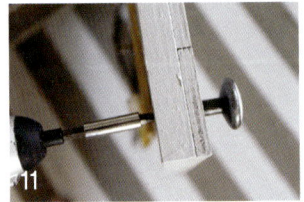

9. 페인트를 칠하고 말리고 하는 과정을 서너 번 이상 반복한다.
10. 싱크대는 물이 잘 묻는 장소이므로 페인트가 벗겨지지 않도록, 바니쉬(코팅제)를 바르고 말리는 과정
　　을 서너 번 이상 반복해 코팅한다.
11. 싱크대 손잡이도 분위기에 맞게 교체한다.

인더스트리얼 주방 스타일링 팁

1. 양념병을 비슷한 느낌의 유리병으로
   통일해 보세요.

   투명한 유리병은 내용물을 한눈에 알 수 있어 편리
   하고 모양도 예뻐 모던 레트로한 느낌을 잘 살려주
   는 아이템이에요. 다 먹고 난 잼병 등을 재활용하면
   좋아요.

2. 스테인레스 냄비를 숨기지 마세요.

   주방에서 자주 쓰는 스테인레스 재질의 주방용
   품은 인더스트리얼풍이나 모던 레트로풍 인테
   리어에 아주 잘 어울려요. 선반에 올려만 두어
   도 분위기를 살려주는 주방소품이 된답니다.

3. 메탈 느낌의 빈티지한 손잡이를 달아보
   세요.

   마땅한 손잡이가 없다면 은색 스프레이를 뿌려
   리폼해줘도 좋아요.

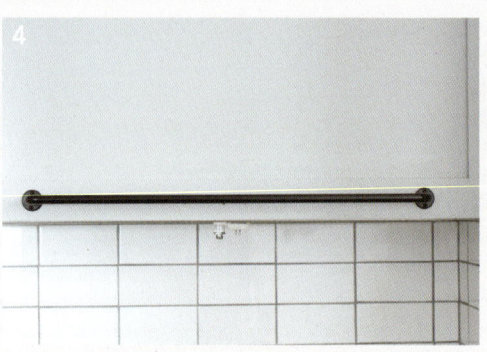

4. 렌지후드에 블랙 수건걸이, 어떠세요?

렌지후드에 블랙 수건걸이를 달아주면 시크한 느낌을 물씬 풍긴답니다. 길고 튼튼해서 손잡이로도 좋고 간단한 주방 조리도구 등을 걸어두기도 좋죠.

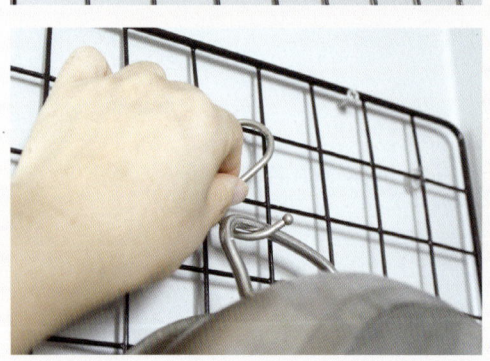

5. 싱크대 옆이나 앞의 빈 벽을 이용해보세요.

간단한 네트걸이나 타공판, 혹은 훅걸이 등을 싱크대 옆이나 앞의 빈 벽에 붙여보세요. 자주 쓰는 작은 냄비나 조리도구 등을 걸어두면 수납공간도 넓어지고 꺼내쓰기도 편해요. 또 전문가의 주방처럼 멋스러운 느낌도 난답니다.

인테리어 화보 속 식탁 만들기

  여자의 로망, 주부의 로망 중 하나는 인테리어 화보 속에 나올 법한 멋진 6인용 식탁이에요. 더 정확히 말하면 멋진 식탁에서 환하게 웃으며 가족의 식사를 준비하는 주부의 모습이 로망이죠. 뜨거운 냄비를 들고 냄비받침을 찾아 우왕좌왕하거나 흠집이 날까봐 잘 안 지워지는 음식물 자국을 속 시원히 닦지 못하는 게 아니라요.

타일식탁은 식탁 위에 냄비를 그냥 척 올릴 수 있고, 국물이나 음식물이 묻어도 마음껏 박박 닦을 수 있어요. 만드는 비용도 일반 식탁을 하나 사는 거보다 저렴하답니다.

화이트, 그레이, 블랙 등 무채색이 특징인 인더스트리얼 스타일의 주방에 북유럽 패턴 타일을 깔아 느낌있는 타일식탁을 만들었어요. 감각적인 셀프 인테리어를 완성하는 하나의 팁은 바로 공간에 포인트색을 넣어주는 거예요. 전체적으로 통일감있는 무채색의 깔끔한 공간에 레드의자와 레드가 섞인 냉장고를 배치해 인테리어가 단조롭거나 밋밋하지 않아요.

재료 및 구입처
타일상판 반제품(THE DIY), 던-에드워드 페인트 DE 6385, 던-에드워드 페인트 DE 6367(나무와사람들), 구스토 타일

1. 공간박스 12개를 붙여서 쓰던 공간박스 아일랜드 식탁 위 오래된 상판을 떼어내고 시트지도 벗겨낸다.
2. 이어붙인 공간박스 뒷면을 가려주기 위해 나무패널을 타카로 붙인다.
3. 식탁 옆면에도 자투리 패널 등을 붙인다.
4. 전체적으로 젯소를 두 번 정도 칠해주고, 원하는 색의 페인트를 꼼꼼히 칠한다.
5. 타일상판용으로 재단되어 나오는 반제품을 준비한다(인터넷사이트에서 재단주문도 가능).

6. 상판을 식탁에 꺽쇠 등으로 고정한다.

7. 식탁의 테두리 안쪽에 마스킹 테이프를 꼼꼼히 붙인다.

8. 타일색과 어울리는 어두운 계열의 페인트를 칠해준다. 자주 닦는 부분이라 표면이 매끄러워야 하므로 붓대신 롤러를 사용한다.

9. 상판이 아래 아일랜드 몸통보다 많이 큰 경우, 원목의 휘어짐을 방지하기 위해 다는 선반다리도 같은 색으로 칠한다.

10. 페인트가 마른 후 상판 아래에 선반다리를 붙인다.

11. 바니쉬를 여러 번 발라 방수가 되도록 한다.

12. 뿔헤라로 타일본드를 듬뿍 바른 후, 타일을 본드 위에 좌우로 약간씩 흔들면서 꾹 눌러 완전히 밀착되게 붙인다. 타일은 전체넓이에서 식탁 테두리를 뺀 안쪽 사각형의 넓이만큼 준비하면 된다.

13. 타일 사이 간격을 1~2mm 정도 두고 타일을 붙인다(간격 맞추기가 어렵다면 간격자를 중간에 끼워 놓고 붙인다).

14. 타일을 붙인 후 하루 정도 기다려 완전히 본드가 마른 후 시멘트 줄눈을 넣어준다.

15. 백시멘트에 설명서 용량대로 물을 조금씩 붓고 나무젓가락 등으로 저어 치약 정도의 묽기가 되도록 시멘트 농도를 맞춘다.

16. 고무장갑을 끼고 15의 시멘트를 타일 사이사이에 꼼꼼히 원을 그리듯이 발라 채워넣는다.

17. 30분~1시간 후 어느 정도 시멘트가 말랐다 싶으면 물걸레 등으로 타일 위에 묻은 시멘트를 박박 닦아준다. 전체적으로 원을 그리듯이 닦아야 타일 사이에 줄눈이 빠져나가지 않는다.

18. 작은 붓으로 시멘트 줄눈 위에 바니쉬를 발라준다(줄눈에 방수기능 부여). 작업 시 타일에 바니쉬가 묻으면 가볍게 물티슈 등으로 닦아낸다.

예쁘고 실용적인 일석이조 아이템

흔히 '카페'하면 떠오르는 아이템 중 하나가 바로 커피메뉴가 가득 적힌, 시크하고 멋진 대형 칠판이에요. '일반 가정집에 그런 대형 칠판이 그다지 필요할까?'라는 생각이 들 수도 있지만, 칠판은 예쁜 인테리어 요소로만 달아놓는 게 아니랍니다. 저같이 건망증이 심한 주부들을 위한 참 요긴한 아이템이지요. 아이들 학교행사나 개인적인 스케줄, 잊지 말아야 할 메모 사항들을 간편하게 썼다 지웠다 할 수 있고, 영수증이나 세금고지서 등을 붙여놓기도 좋답니다. 더구나 저렇게 큰 사이즈로 주방에 척 붙여놓으면 안 보려 해도 안 볼 수 없지요.

저와 남편의 몇 안 되는 공통적인 생각 중 하나가 셀프 인테리어는 예쁘기만 해서는 안 되고, 편리하고 생활에 도움이 되어야 한다는 것이에요. 그런 의미에서 주방 칠판은 예쁘고 쓸모도 있는 일석이조의 아이템이랍니다.

재료 및 구입처
칠판 대형(THE DIY) / 던-에드워드 칠판페인트(블랙), 던-에드워드 우드스테인 라이트오크(나무와사람들)

1. 반제품으로 나온 제품의 칠판면이 될 MDF 합판에 롤러로 칠판페인트를 칠한다(매끈한 칠판면을 위해서는 롤러를 사용하는 것이 좋다).
2. 서너 시간 뒤 칠판 페인트가 마르면 다시 페인트칠 한다. 이 과정을 두세 번 정도 반복한다.
3. 칠판 테두리가 될 나무에 자연스런 오크 색상 수성스테인을 바른다.

4. 드라이버로 나사못을 돌려 고정해 액자모양의 칠판 프레임을 만든다.

5. 액자모양 프레임 안에 칠판페인트를 칠한 MDF 합판을 뒤집어서 집어넣는다.

6. MDF 합판에서 액자 프레임을 향해 나사못을 박는다. 칠판이 잘 고정될 수 있도록 각 모서리에도 나사못을 박는다.

7. 칠판을 다시 뒤집은 후 앞면에 분필이나 영수증 등을 놓을 수 있는 미니 선반을 달아준다.

8. 뒤쪽에 고리를 달아 원하는 위치에 걸어준다.

9. 식탁 옆이나 잘 보이는 주방 벽에 달고 달력이나 메모지, 요리 레시피 등으로 꾸미면 근사한 카페 칠판이 완성된다.

마트에서 한번에 많은 장을 많이 봐왔을 때, 라면, 밀가루, 시리얼 등 넘쳐나는 식품들을 보관할 곳이 부족해 난감했던 경험이 있는 주부라면 누구나 주방의 수납장은 아무리 많아도 모자라지 않다는 말에 공감할 겁니다. 또 갑자기 많은 음식을 할 때 좁은 싱크대공간을 보완해줄 보조 조리대가 있었으면 하는 생각도 주부라면 누구나 해봤을 거예요. 그런 필요성에 의해 탄생한 가구가 바로 이 주방 보조 수납장이에요. 작은 바퀴를 달아 이동과 청소를 편리하게 할 수 있게 했고, 옆 식탁과 높이를 맞춰 가구 배치의 균형까지 고려해 만든 저희 주방 맞춤가구랍니다.

주방은 사실 주부의 주 일터이자 하루 중 가장 많은 시간을 보내는 곳이기 때문에 좀 더 내가 쓰기 편하게, 그리고 내 주방 구조와 용도에 딱 맞게 가구를 짜서 사용할 수 있다면 그보다 편리할 수는 없지요. 이 주방 수납장은 그런 여러 가지 필요성을 모두 충족할 수 있게 만들어 제가 특히 좋아하는 가구 중에 하나에요.

도안

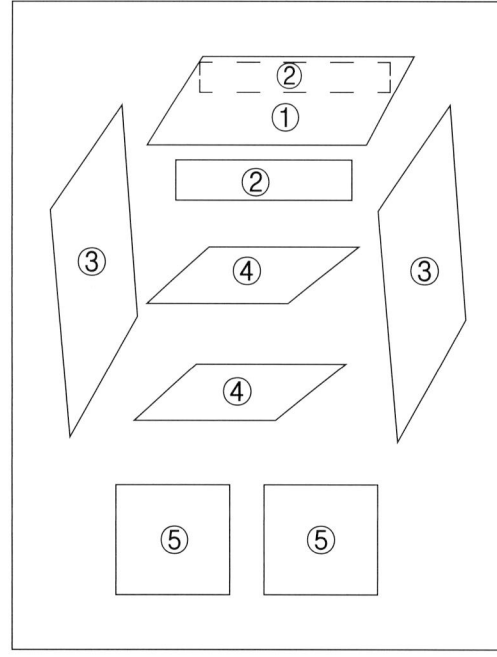

삼나무 두께 18mm
① 상판 710×300mm

삼나무 두께 18mm
② 상판 지지대(총2개) 664×50mm

삼나무 두께 18mm
③ 수납장 옆판(총 2개) 700×300mm
④ 중간 선반 664×300mm
   아래 선반 664×300mm

삼나무 두께 15mm
⑤ 수납장 문(총 2개) 330×360mm
   ※ 경첩자리 재단 부탁

⑥ 이동가능한 바퀴
   2in 정도(총 4개)
⑦ 뒤판 옹이패널(총 7장)
   폭 100mm, 길이 700mm

1. 도안대로 재단한 나무와 이동을 가능하게 해 줄 바퀴 4개를 준비한다.
2. 바퀴의 높이를 재어보고 그보다 약간 높게 연필선을 나무두께 만큼 표시한다.
3. 연필선을 표시한 곳에 드릴로 구멍을 낸다.

4. 연필선에 맞추어 밑판을 대고 목공본드와 나사못으로 조립한다.
5. 반대편 옆판도 같은 방법으로 조립한다.
6. 중간선반을 가운데에 질러주고 목공본드와 나사못으로 고정한다.

7. 맨 위 상판을 붙이기 전에 사진과 같이 폭이 좁은 패널 두 개를 가로질러서 붙인다.
8. 상판을 아래에 두고, 몸체를 뒤집어서 7에서 대어준 좁은 패널에서 상판 방향으로 나사못을 박아준다(안쪽 아래에서 나사못을 박아주는 방법이라 겉에서 봤을 때 나사가 보이지 않아 깔끔하다).

9. 아래 부분에 바퀴를 달아준다.
10. 재단주문 시 홈파기를 추가한 문짝에 경첩을 달아준다(홈파기가 어려우면 이지경첩을 활용한다).

11. 문짝 홈에 경첩을 달아준 모습
12. 경첩의 반대쪽을 가구 몸체에 달아서 문짝을 만들어준다.
13. 가구 뒤편은 미송패널로 막아준다. 나사못으로 고정해도 좋고 타카가 있다면 타카를 이용해도 좋다.

14. 문짝 안쪽에 위, 아래로 지지대를 박아주면 문짝이 휘거나 굽지 않는다.
15. 내추럴한 나뭇결을 살리기 위해 밝은 오크색 스테인을 스펀지로 두세 번 발라준다.
16. 전체적으로 바니쉬를 발라서 마감해준다.

17. 손잡이를 달아준다.
18. 문짝 위쪽에 빠지링을 단다.

가구 안쪽을 칠하지 않아서 문을 열면 은은한 삼나무향을 느낄 수 있어요.

06 커피선반장 만들기

"카페 같은 우리집"

    많은 책들에서 다루고 있는 인테리어의 주제가 바로 '카페 같은 집'입니다. 커피값이 비싸 카페 다니는 것이 낭비라고 생각하시는 분들도 계시지만, 개인적으로 저에게 카페는 힐링의 공간이에요. 갓 내린 원두의 향이 가득하고 편히 쉬면서 생각도 정리할 수 있는, 때로는 친구들과 마음껏 수다를 떠는 기분 좋은 공간, 그런 힐링공간을 집으로 가져오려는 것이 아마도 많은 이들이 카페 같은 집을 만들려 하는 이유이겠지요.

셀프 인테리어에 관심을 갖기 훨씬 전부터 저의 취미는 커피였답니다. 직접 갈아서 내린 커피를 마시는 것이 피곤하고 바쁜 일상의 유일한 낙이었어요. 카페 커피도 맛있기는 하지만 매일 갈 수 있는 것도 아니고 비용도 만만치 않다는 아주 현실적인 이유로 에스프레소 머신과 작은 그라인더로 집에서 커피를 즐기기 시작했지요. 다 먹은 원두통, 캔 과자통, 저렴한 머그컵 등이 차곡차곡 모였고 그것들의 정리를 위해 만든 선반이 필요하게 되었답니다.

146

기존의 주방구조를 잘 파악하고 적절한 위치에 선반을 짜 넣거나, 반제품을 활용하여 가구를 만들어 수천 만원을 들여 인테리어한 것보다 더 멋지고 이국적인 카페 분위기의 주방을 만들 수 있어요. 다 먹고 남은 캔 과자통이나, 커피, 녹차 등 친숙하게 먹는 차 종류와 머그잔들을 한 자리에 모아놓았을 뿐인데도 그 어떤 고가의 인테리어 소품보다 주방에 자연스럽게 어울린답니다. 실제로 늘 사용하고 정리하고 하는 생활감이 담긴 물건들로 한 인테리어이기 때문에 그런 자연스러움이 나오는 거겠지요. 저에게는 카페보다 더 카페 같은 공간을 만들어준 커피선반장 만들기입니다.

도안

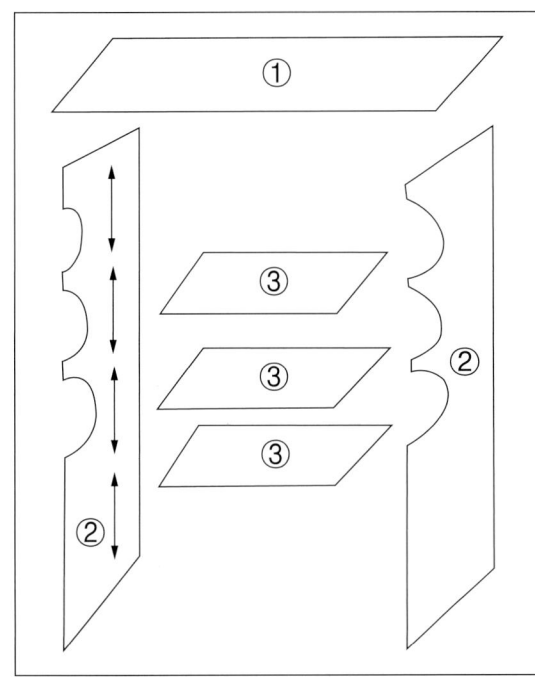

삼나무 두께 18mm
① 선반 상판 1200×200mm

삼나무 두께 18mm
② 선반 옆판(총 2개) 1000×200mm

삼나무 두께 18mm
③ 중간 선반(총 3개) 1164×200mm

※ 중간 선반을 넣는 간격은 진열하고자 하는 그릇, 컵, 물품의 높이를 고려하여 자유롭게 정할 수 있다.
※ 선반의 뒤판을 만들고 싶다면 폭 10cm 짜리 미송패널(5mm) 12장을 타카나 나사못으로 뒤판에 붙인다.

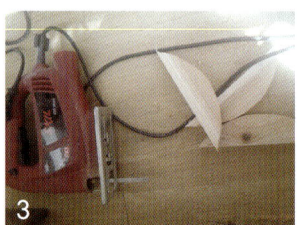

1. 종이나 달력 등을 이어서 도안(실물크기)을 그리고 오린다(굴곡을 그릴 때 어렵다면 동그란 접시 등을 이용한다).
2. 1의 도안종이를 옆판이 될 나무에 대고 연필로 그린다. 이때 중간 선반이 들어갈 자리도 연필로 표시한다.
3. 연필로 표시한 굴곡진 선을 직소기로 천천히 잘라준다.

4. 옆판이 될 나머지 나무도 같은 방법(2~3)으로 작업한다.
5. 가로선반이 결합될 자리에 나사못을 박을 수 있도록 드릴로 미리 구멍(기리)을 낸다.
6. 5의 드릴구멍에 나사못을 박아 중간 선반을 차례대로 조립한다.

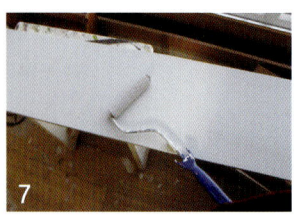

7. 기존 주방 인테리어와 어울리는 색상의 페인트를 칠한다(올리브 그린에서 모던 레트로한 그레이색으로 리폼한 싱크대 색에 맞춰 그레이색으로 칠했다). 페인트가 마르면 표면에 바니쉬를 발라 매끈하게 마감한다.

하부장

8. 기존에 붙어있던 패널이나 몰딩 등을 철헤라 등을 이용해 제거한다.

9. 하부장에 새로 붙여줄 패널에 미리 짙은 색 스테인(하도색)을 칠해
   준다.

10. 9의 패널을 알맞게 잘라 목공본드와 타카(또는 무두못)를 이용해
    단단히 붙여준다. 흠집난 표면도 가리고 카페 가구같은 느낌을
    줄 수 있다.

얇은 나무패널은 톱질하기가 쉬우므로 미리 재단주문하지
말고, 패널을 길이에 맞게 잘라가면서 붙여주세요.

11. 나무패널을 다 붙이고 나면 그 위에 상도색으로,
    주방싱크대색과 같은 그레이색 페인트를 칠한다
    (하도색이 언뜻언뜻 비치도록 칠하면 더 빈티지
    한 느낌을 줄 수 있다).

12. 그레이에 어울리는 메탈 느낌의 빈티지 손잡이
    를 달아주면 완성이다.

원상복구가 가능한 시트지 리폼

　인테리어를 하는데 가장 큰 고민거리가 되는 것이 바로 가전제품입니다. 가전제품은 페인트칠도 어렵고 디자인을 바꾸기도 쉽지 않아요. 특히 주방의 핵심가전인 냉장고는 절대 없어서는 안될 물건이지만 그만큼 인테리어에 어울리게 바꾸는 것이 힘든 물건이기도 해요. 그렇다면 해결방법은 정말 새로 구입하는 것 밖에 없을까요? 성능이나 전기세, 가격 등을 잊어버리면 스메그 냉장고나 번쩍번쩍한 올 메탈풍의 냉장고가 떠오르죠. 인더스트리얼 빈티지 인테리어와 딱 어울리지만 몇 백만 원짜리 가전을 인테리어 할 때마다 바꿀 수는 없는 노릇이지요.

그럼 그 다음은 뭐가 있을까 고민했습니다. 가전제품이지만 젯소를 바르고 페인트칠을 하면 어떨까? 생각했지만 "안된다! 가전제품에는 페인트칠하는 거 아니다. 고장나면 어쩔라고~"라는 남편의 외침에 다른 방법을 찾아야 했어요.

내키진 않았지만 시트지 리폼밖에 떠오르지 않더라고요. 그런데 시트지 리폼이라는 것이 어지간해서는 폼이 나기가 힘든 리폼이어서 망설이던 차에 냉장고 모델명에 맞게 주문 제작해준다는 시트지(디마이스킨)을 보고 도전해보자 생각했지요. 가격이 페인트보다 비싸다는 것이 단점이지만 그래도 나중에 떼어낼 때는 흔적이 거의 남지 않고 약간 두꺼운 시트지 재질이라 가까이서 봐도 저렴해 보이지 않을 것 같았어요. 무엇보다 냉장고에 흠집나는 일이 아니니 남편이 싫어하지 않아 선택한 리폼방법이었답니다.

after

before

🪵🕯 **재료 및 구입처**
냉장고 시트지(디마이스킨)

1. 냉장고 시트지 업체에 리폼할 냉장고의 모델명과 치수를 적어 보내면 크기에 맞게 재단된 시트지가 온다.
2. 모든 시트지 작업 전에 물뿌리개로 표면에 물을 뿌려준다. 혹시 시트지를 잘못 붙였을 때 다시 떼어낼 수 있다.

3. 한쪽 끝에서부터 잘 맞추어 시트지를 붙인다. 뒷면의 종이를 한꺼번에 떼지 말고 조금씩 떼어가면서 시트지를 붙여준다.
4. 시트지를 밀대로 밀면서 아래 끝까지 붙인다.

5. 시트지가 아주 정확하게 일치하지는 않으므로 먼저 음료수바 부분에 맞추어
   붙인 후 위아래 방향으로 붙인다.

6. 음료수 바 부분에 시트지를 붙인다.

7 음료수 바를 열고 커터칼로 가장자리를 쭉 내려 그어 잘라주고,
  문을 닫았을 때 시트지가 겹쳐지지 않도록 가장자리를 정리한다.

8 시트지를 붙인 가장자리와 모서리 부분이 반듯하게 밀착되도록
  시트지 밀대로 공기를 빼내듯이 여러 번 밀어준다.

08 캐비닛 수납장 만들기

주방

혹시 마트에서 휴지나 곽티슈(갑 티슈) 등을 대량으로 사왔는데 마땅히 넣을 데가 없어서 그냥 다 쓸 때까지 거실이나 주방 한 쪽에 놓아 둔적이 있으신가요? 또 세일한다고 잔뜩 사온 통조림이나 라면 등도 넣을 데가 없어서 식탁 위에 쌓아두고 있지는 않으세요?

아마 살림을 해본 주부라면 이런 경우가 많으셨을 거예요. 저도 그런 적이 많습니다. 특히 화장실 휴지나 주방티슈 등은 세일할 때 많이 사두는데 늘 둘 곳이 없어 골치였어요. 어디 장롱이나 창고에 처박아 두자니 꺼내러 갈 때마다 귀찮고 그렇다고 그냥 근처에 쌓아 놓자니 모양이 볼썽사납고 …. 그래서 겉으로 보기에는 빈티지하고 멋진 캐비닛 모양의 카페가구지만, 사실은 휴지나 생활용품을 주로 보관하는 수납장을 만들었습니다.

백조처럼 우아하면서도 느낌 있는 주부로 살기 위해서는 백조가 물밑으로 열심히 헤엄을 치듯 끊임없이 노력해야 하는 법이죠. 수납장은 거실과 주방 사이 가장 잘 보이고 꺼내기 쉬운 곳에 만들었어요. 저같이 취미가 DIY인 사람에게는 휴지뿐 아니라 페인트통 등을 보관해두는 장소가 되기도 하겠죠? 이렇게 잡다한 물품들을 다 집어넣고 문만 딱 닫으면, 아주 깔끔하고 빈티지한 수납가구가 된답니다.

재료 및 구입처

던-에드워드 우드스테인 미디엄오크, 던-에드워드 페인트 DE 6367, 던-에드워드 울트라클리어 피니쉬(나무와사람들) / 캐비넷텍 등(THE DIY)

7. 위아래 모두에 이지경첩을 달면 사진과 같은 모양이 나온다. 일반 경첩과 달리 이지경첩은 따로 문짝에 홈파기를 하지 않아도 되어 편리하다.

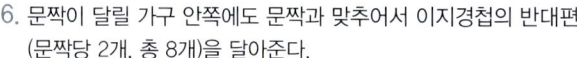

6. 문짝이 달릴 가구 안쪽에도 문짝과 맞추어서 이지경첩의 반대편 (문짝당 2개, 총 8개)을 달아준다.

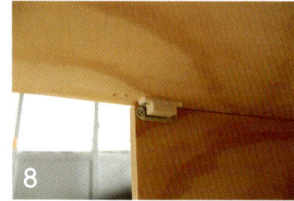

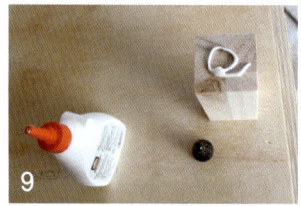

8. 가구 문짝이 잘 닫히도록 안쪽에 빠지링을 단다.

9. 가구다리에 목공본드를 바른 후, 가구를 뒤집어 다리를 붙이고 안쪽에서 나사못으로 고정한다.

10. 캐비닛의 뒷판 크기에 맞게 주문한 미송합판을 나사못으로 결합한다.

11. 캐비닛의 몸체를 완성한 후, 먼저 오크 스테인(던-에드워드 우드스테인 미디엄오크)을 전체적으로 발라준다(하도색).

12. 손잡이를 달아주고(위아래 하나씩 총 두쌍), 캐비넷텍을 달아서
    진짜 캐비닛 느낌을 살려준다.

13. 스테인이 마르면 그 위에 그레이 계열의 페인트(상도색)를 빈티
    지하게 바른다. 이때 손에 힘을 빼고 하도색이 드러나도록 듬성
    듬성하게 발라준다.
14. 문짝에 숫자 스텐실을 찍어준 뒤 바니쉬로 마감한다(PART 1 좌충
    우돌 셀프 인테리어기 31쪽 참고).

수납도 되고 가벽도 되는 다기능 수납선반

주방과 거실이 트여있는 아파트 구조에서 공간구분을 주면서 분위기도 살릴 수 있는 인테리어 아이템인 선반입니다. 카페에서 좌석과 좌석 사이에 또는 좌석과 주방 사이에 큰 책장을 놓아 공간을 구분해놓은 인테리어를 한번쯤은 보신 적이 있으실 거예요. 거기서 착안해서 거실에서 봤을 때 커피장 등 주방의 여러 가지 자질구레한 살림을 살짝 가리면서 머그컵도 수납할 수 있도록 만든 머그컵 수납장이에요.

바닥부터 벽까지 선반을 짜 넣으면 더 장식적인 효과가 나서 좋겠지만 나무 재단비도 만만치 않고, 장식장으로는 예쁠지 모르지만 실용성이 떨어질 것 같았답니다. 그래서 캐비닛 수납장 위에 반제품 머그컵 수납장을 올려 누구나 쉽게 만들 수 있으면서도 장식성과 실용성을 모두 잡은 머그컵 수납장을 만들어봤어요.

🟫🟨 **재료 및 구입처**
머그컵 수납장(문고리닷컴), 던-에드워드 페인트 우드스테인 햄톤오크
(나무와사람들)

1. 반제품을 준비한다(이런 칸칸수납장은 십자따기나 칸칸 재단이
   어렵기 때문에 초보자는 반제품을 이용하는 게 더 편리하다).

2. 세로선반을 놓고 가로선반을 십자홈에 잘 맞추어 차례대로 칸칸이
   조립한다(고무망치를 이용해서 살살 치면서 끼우면 편하다).

3. 목공본드를 살짝 묻혀서 목심을 목심구멍에 넣고 위에서 조립한
   선반 가장자리에 덮듯이 끼워준다.

4. 나사못을 박아 단단히 결합한다. 같은 방법(3~4)으로 네 가장자리에
   선반을 결합한다.

5. 스테인을 칠할 때 얼룩지지 않게 먼저 분무기로 물을 살짝 뿌려주고, 스테인용 스펀지로 구석구석 칠한다(칠하다가 물이 마르면 조금씩 물을 뿌려가면서 칠해주어야 얼룩지지 않는다).

6. 뒤집어서 빠진 곳 없이 한 번 더 칠하고 캐비닛 수납장 위에 올린다.

7. 머그컵 선반은 높이가 꽤 높은 가구이므로 안전을 위해 선반을 올려놓는 캐비닛 수납장의 안쪽 가장자리에서 위쪽으로 나사못을 박는다.

8. 선반 뒤쪽에 벽이나 가구가 있는 경우, 나사못을 박아주면 더 안전하고 튼튼한 가벽 겸 선반이 된다.

10 주방조명 만들기

카페등 같이 멋진 조명

멋진 인테리어에는 반드시 거기에 어울리는 조명이 필수죠. 그런데 조명은 집에서 만들 수가 없기 때문에 살 수밖에 없어요. 마음에 드는 조명이 있다 싶으면 가격이 말썽이더군요. 그래서 저에게 조명은 사랑하지만 가까이 할 수 없는 애증의 대상이었답니다.

아끼고 절약해 저렴한 비용으로 최대의 효과를 내는 셀프 인테리어를 하자는 다짐을 포기하고 조명을 살 수는 없고…. 어떻게 하면 카페 분위기 물씬 나는 조명을 가질 수 있을까 하고 고민하다 원래 인더스트리얼 인테리어 속 조명이나 가구들이 모두 공장이나 공업단지에서 온 것들이라는 사실이 떠올랐어요. 그래서 '진짜 공장등을 한번 써보자!'했지요.

인터넷을 검색하니 공장이나 축사 등에서 사용하는 조명 중 값이 저렴하고 디자인도 제가 원하는 것과 비슷한 조명이 있었답니다. 뜻이 있는 곳에 길이 있다는 말이 떠오르면서 그렇게 기쁠 수가 없었어요. 기존의 아크릴판으로 대충 둘러 씌워놓았던 촌스러운 꽃무늬 조명을 떼고, 만원 조금 넘는 너무 착한 가격에 얻은 조명등에 페인트를 칠해서 달아주니 주방분위기가 확 바뀌었답니다(마트에서 파는 LED 전구를 한 개만 끼워도 밝고, 기존 전기세를 1/5 정도 절약할 수 있어요).

before

after

🟫🖌️ **재료 및 구입처**
공장등 (11번가), 던-에드워드 페인트
DE 6385(나무와사람들)

1. 주문한 공장등의 본체와 부속품을 잘 정리해 놓는다(왼쪽부터 전등갓, 플랜지, 연결파이프, 전구소켓).
2. 페인트를 바르기 전 젯소칠을 한다. 금속재질은 꼭 젯소를 칠한 후 페인트칠을 해야 페인트가 벗겨지지 않는다.
3. 젯소를 얇게 바르고 충분히 말린 뒤 다시 바르는 과정을 두세 번 반복한다.

4. 젯소가 다 마르면 그 위에 블랙 색상 페인트를 바른다.
5. 얇게 바르고 말리는 과정을 세 번 이상 반복한다(철재는 페인트가 쉽게 벗겨지기 때문에 조명 표면에 사포질을 하면 안된다).
6. 전등갓 안쪽으로 전구소켓을 집어넣는다.

7. 전등갓 밖으로 전선을 빼낸 다음, 연결파이프 속으로 전선을 집어넣는다.

  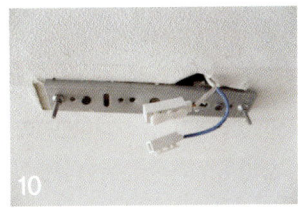

8. 파이프와 전구소켓을 돌려서 조립한다. 같은 방법으로 조명의 위쪽 부분(플랜지)도 파이프와 연결한다.
9. 기존의 조명을 나사를 풀어 제거한다(작업 전 반드시 두꺼비집의 전원을 내리고 작업한다).
10. 기존 조명을 떼어내고 나면 천장에 두 가닥의 전선이 나와 있는 것을 볼 수 있다.

11. 전등을 떼어낸 자리에 남은 찢어진 벽지나 구멍을 가릴 자투리 나무를 적당한 크기로 자르고, 가운데
    부분에 전선이 통과할 구멍을 드릴로 뚫어준다.
12. 구멍으로 달려고 하는 조명의 전선을 통과시킨 후 천장의 전선과 하나씩 연결한다. 양극 · 음극 등을 따
    질 필요 없이 그냥 하나씩 연결해 주면 된다(조명에 따라 중앙에 평철을 떼어내고 작업해야 할 경우가
    있다).
13. 연결한 전선을 잘 정리해서 천장 구멍으로 집어놓은 후 나무판을 천장에 고정시킨다.

14. 나무판 아래로 나온 전선도 잘 정리해서 플랜지(전등의 동그란 부품)안으로 집어넣어주고, 플랜지에 나
    사를 박아 고정한다.
15. 전구를 돌려 끼우고 차단기를 올린 후 불이 잘 들어오는지 확인한다.

저희집 주방 구석에는 세탁실로 들어가는 문이 하나 있어요. 약간 누런 빛이 도는 하이그로시 재질의 번쩍거리는 문은 리폼한 다른 주방문과 어울리지 않았지요. 그래서 나무패널을 대어주고 페인트칠을 해 주었답니다. 전에는 문을 열면 각종 빨래와 짐으로 가득찬 창고 같아서 열기 싫었는데, 참 이상한 것이 이렇게 문을 예쁘게 리폼해 준 후에는 이 문을 여는 것이 참 즐거워졌죠.

'에이~~ 뭐 설마 그렇게까지~'라고 생각하신다면! 여러분의 집문에도 변화를 주어보세요.
집이 바뀌면 살림이 즐거워진답니다. 그럼, 평범하고 밋밋한 세탁실 문을 빈티지한 멋스러움이 배어있는 문으로 재탄생시켜볼까요?

before

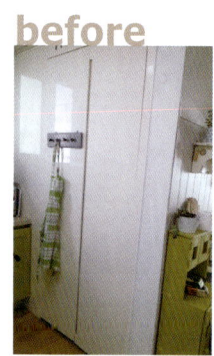

after

1. 문에 걸려있는 것들을 떼어내고 물걸레나 티슈로 먼지를 제거한다.
2. 타카나 무두못을 이용해 문 가장자리 모양에 맞춰 패널을 붙인다(패널을 문의 가장자리에서 1cm 정도 떨어진 곳에 붙여야 문이 열릴 때 걸리지 않는다).
3. 가로로 패널을 대어 분할해준다(가장자리에만 패널을 대었을 때 문이 길어 보이는 점을 보완할 수 있다).

4. 패널을 문의 가장자리 모서리 부분에 사선으로 대고 연필로 모양을 딴다.
5. 연필선을 따라 톱으로 자른다.

6. 자른 패널을 문의 가운데에 붙여 포인트를 준다.
7. 문에 젯소를 발라주고 마르면 원하는 색의 페인트를 칠한다.
8. 어울리는 문고리를 달아준다.

특색있는 빈티지 느낌 훅걸이 만들기

훅걸이에 설거지 후 젖은 앞치마나 행주를 걸어두면 자연스럽게 마른답니다. 문에 어울리는 훅걸이
는 그럴듯한 주방 장식이 되기도 하죠. 실용성과 장식성을 겸한 일석이조의 리폼이랍니다. 문의 색
을 무난한 화이트 계열로 하면 주변색이 바뀌더라도 잘 어울려 걱정을 줄일 수 있어요.

1. 적당한 크기의 자투리 나무패널에 페인트를 칠한다. 뒷면에는 구멍을 뚫어 손잡이용 나사못(피스)을 박아주고 문에
   걸 수 있도록 위쪽에 고리도 달아준다.
2. 버려지는 가구에서 떼어놓은 손잡이들 중 크기가 비슷한 것들을 모아 검은색 스프레이를 뿌려 빈티지한 느낌을 낸다.
3. 박아놓은 나사못 위에 2의 손잡이를 돌려 끼운다. 완성된 훅걸이를 세탁실 문에 못을 박아 걸어준다.

빈티지하고 아늑한 느낌의 벽

인더스트리얼 인테리어에서 빼놓을 수 없는 부분은 역시 빈티지하고 러프한 느낌의 파벽돌 벽이에요. 파벽돌은 프로방스풍 인테리어에서도 빈티지하고 아름다운 인테리어 소재로 사랑을 받았었죠. 프로방스 스타일이 반듯하고 연한 브라운색의 파벽돌을 붙이고 흰색 시멘트 줄눈을 넣는 것과 달리 인더스트리얼 인테리어에서는 건축 현장이나 공장 등과 어울리는 거칠고 낡은 느낌의 파벽돌을 사용한답니다. 줄눈 없이 시공하기도 하고 검은색 줄눈을 넣기도 해요.

너무 넓은 벽 전체에 시공하면 집이 다소 산만한 느낌이 들 수도 있으니 작은 벽면에 포인트 요소로 시공해 보세요. 밋밋하던 벽면이 분위기 있고 아늑한 느낌의 카페 공간으로 변신한답니다. 똑같은 색으로 시공하는 것보다 몇 가지 색의 파벽돌을 믹스해서 시공하면 더욱 예쁘고 빈티지한 느낌을 줄 수 있어요.

after

before

재료 및 구입처

파벽돌 카카오믹스, 타일접착제 세라픽스, 플라스틱 헤라(중앙데코 시트라인)

1. 먼저 시공하려는 벽의 치수를 재어 필요한 파벽돌의 수량을 확인해 주문한다(중간에 깨지거나 잘못 시공하는 경우를 생각해 몇 장 더 여분으로 주문한다).

   ※ 필요수량을 계산하는 방법 : 시공면적(벽면 가로×세로)÷파벽돌의 크기(파벽돌 가로×세로)

2. 시계나 액자 등을 떼어낸다(벽지가 발라져 있다면 벽지를 깨끗이 제거하고 시공한다).

3. 박힌 못을 제거하고 파벽돌이 잘 붙을 수 있도록 벽 표면에 반듯하지 못한 부분을 사포 등으로 문질러 평평하게 만든다.

4. 파벽돌과 타일접착제(세라픽스), 플라스틱 헤라 등을 준비하고 플라스틱 헤라로 벽면에 타일접착제(세라픽스)를 듬뿍 발라준다.

5. 파벽돌은 무거워 떨어질 위험이 있으므로 파벽돌에도 직접 접착제를 두껍게 발라준다.

6. 본드가 밀착되면서 단단히 붙을 수 있도록 파벽돌을 벽면에 대고 전체적으로 꾹 눌러준다.

7. 파벽돌을 일렬로 한 장씩 붙인다. 파벽돌은 무게 때문에 아래에서 위로 붙여야 한다.

8. 파벽돌을 잘라야 할 경우, 앞서 타일과 마찬가지로 타일커터기를 이용해서 자른다.

9. 딱 맞게 잘라낸 파벽돌을 여분 공간에 붙인다.

10. 줄눈을 넣지 않을 것이므로 파벽돌을 사진과 같이 딱 밀착하여 붙인다(줄눈을 넣을 경우에는 2mm 정도 간격을 두고 붙인다).

11. 파벽돌이 울퉁불퉁해 옆 벽돌과 밀착해서 붙이지 못할 경우, 튀어나온 부분에 일자 드라이버나 끌을 대고 망치로 살짝 쳐 다듬어 준 후 붙인다.

12. 스피커나 콘센트 등을 만나면 파벽돌을 적당히 깨서 주변을 메워준다.

13. 액자나 시계 등을 걸어 벽면에 스피커나 콘센트 등을 가린다.

파벽돌 붙이는 방법

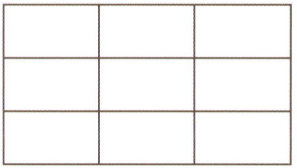
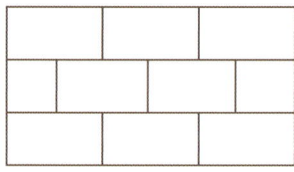

일렬로 나란히 붙이기   아랫단과 절반쯤 엇갈리게 붙이기

* 안 방

01 침대 만들기

　늘 환하고 아름다운 침대를 가지고 싶지만 침대는 기본적으로 자리 차지를 많이 하는 가구인데다 침대 밑 공간에는 항상 먼지가 쌓이기 마련이지요. 그래서 생각한 것이 건강에 좋고 쓸모도 있는 원목 수납 침대를 만들자는 것이었답니다.

침대같이 큰 가구는 직접 재단하고 설계하면 너무 힘들고 수평이 잘 안 맞을 수도 있어요. 반제품을 이용하는 것이 좀 더 튼튼한 침대를 만들 수 있는 좋은 방법이에요. 그래서 몸체도 튼튼하고 침대 아래에 서랍이 들어가서 수납도 되는 디자인을 골라서 주문을 했어요. 완제품 원목침대보다는 훨씬 싸면서 시중 가구점에 파는 필름지가 입혀진 MDF 침대보다 몸에 훨씬 좋고 디자인도 예쁘답니다. 평상형 침대는 매트리스 없이 요와 이불을 깔아 써도 되고 여름에는 돗자리 등을 깔고 시원하게 사용할 수 있어 여러 가지로 편리해요. 또 침대 아래 넓은 서랍에 철지난 옷가지 등을 많이 수납할 수 있어서 공간 활용도도 높습니다.

재료 및 구입처

와이드 평상형 침대 퀸 사이즈(DIY드라마)

1. 먼저 침대의 뼈대가 될 큰 프레임을 만든다.
   ㄱ→ㄷ→ㅁ 형태로 조립한다(이하 각 과정은 본드와 나사못으로 조립).
2. 누웠을 때 흔들림 없는 튼튼한 침대가 되도록 가운데에 지지목을 두 개 대어준다.

3. 네 귀퉁이에 다리를 고정시킨 후, 뒤집어 가로로 침대 상판을 깔아준다. 이때 간격자(없다면 카드나
   화투장 등)를 끼워서 상판의 간격을 맞추고 전동드라이버로 하나씩 나사를 박는다.

4. 반제품이라 미리 나 있는 나사구멍을 통해 다리를 침대 옆면 중앙에 고정한다.
   침대를 바로 세우면 상판의 무게를 분산시켜 침대를 더 튼튼하게 한다.

5. 헤드 부분의 가장자리를 조립한다.

6. 헤드 위에 가로로 장식나무를 대고 나사못 구멍에 맞춰 나사못을 박는다.

7. 스펀지와 원하는 색의 스테인을 준비한 후 원하는 색이 나올 때까지 바르고 말리는 과정을 서너 번 반복한다. 좀 더 매끈한 마감을 원하면 바니쉬도 두세 번 발라준다.

8. 조립 후에는 침대 헤드 사이사이를 칠하기 힘들므로 침대 헤드는 조립하기 전에 칠해준다.

9. 침대 앞뒤에 사다리 모양의 헤드와 가장자리 기둥을 끼우고 나사못을 박아 조립한다.

서랍 만들기

1. 뒤판과 옆판을 ㄷ자 형태로 조립하여 나사못을 박아주고 미리 나 있는
   옆판 홈으로 서랍 밑판을 밀어 넣듯이 끼워준다.

2. 앞판을 막아 조립하여 서랍모양을 완성하고, 서랍을 뒤집어 바닥에
   바퀴를 단다.

3. 서랍이 원활하게 잘 들어가고 나오는지를 확인한다.
4. 서랍의 앞면과 옆면까지 스테인을 서너 번 정도 골고루 바르고
   좀 더 매끈한 마감을 원하면 바니쉬를 두세 번 바른다.

5. 서랍을 끼우고 매트리스와
   침구를 올린다.

02 가벽 만들기

베란다 창문이 세련된 북유럽 창가로

　처음 이사 왔을 때 안방의 벽 쪽으로 붙박이장을 넣는 바람에 침대 헤드를 베란다 창문 쪽으로 둘 수밖에 없었어요. 그러다 보니 아침에는 햇살이 너무 강해 주말에 늦잠을 자고 싶어도 눈이 부셔서 불가능했고, 겨울에는 창문 틈으로 불어오는 찬바람에 머리가 시리고, 베란다에 쌓아둔 짐들도 훤히 보여서 불편함이 이만저만이 아니었죠.

가끔 북유럽풍 인테리어 화보에서 볼 수 있는 하얗고 심플한 반창 구조의 창틀 위에 화분을 올려놓은 사진이 그렇게 아늑하고 멋스러워 보일 수가 없더라고요. 그래서 저 큰 베란다 창문을 반만 가리는 가벽을 세워보면 어떨까 생각했지요. 가벽이 베란다를 적당히 가려주면 아늑한 침실이 될 것 같아 혼자서 창틀 치수를 재어가면서 끄적끄적 거렸답니다.

지금껏 해왔던 작업보다는 좀 규모가 큰 작업이어서 긴장도 많이 됐었어요. 또 구조목을 받아 놓고도 작업을 미루다 나무가 휘는 바람에 다시 펴서 시공하느라 꽤나 고생했지요. 하지만 완성하고 나니 적은 돈 들인 거 치고는 기능(방한·방풍·채광)면에서도 훌륭하고, 인테리어면에서도 아주 멋져서 만족스러워요. 화분이나 소품을 올려놓으면 밝고 아늑한 느낌이 배가 된답니다.

1. 바닥이 될 구조목을 깔고 창틀에 맞추어 세로로 구조목을 세운다. ㄴ자 모양으로 나무를 세우고 꺽쇠로 모서리부분을 연결해 고정한다.
2. 세로로 세운 구조목 위로 천장 쪽 나무를 끼우고 역시 꺽쇠로 연결한다. 위쪽 창틀 방향으로 나사못을 박아 고정한다.
3. 앞의 과정을 거쳐 ㅁ자 모양으로 구조목을 세운 다음, 중간 정도 위치에 못과 꺽쇠 등을 이용하여 가로로 구조목을 연결한다.

4. 중간에 지른 긴 구조목을 지지하기 위한 세로 지지대를 중간부분에 세워 주고 동일하게 나사못과 꺽쇠로 연결한다.
5. 보다 튼튼하게 하기 위해서 안쪽을 선반 받침대 같은 것으로 고정해도 좋다.
6. 아늑한 느낌을 주기 위해 MDF 합판을 나사못으로 가벽의 아랫부분에 고정한다.

7. 싸구려 합판이 아닌 실제 벽 같은 질감을 살리기 위해 핸디코트나
   그보다 약간 묽은 프랩코트 등을 롤러로 칠한다(일반 페인트를 사용해도 된다).

8. 그 위에 원하는 색의 페인트를 한두 번 칠한다.
   깨끗한 침실 느낌을 원한다면 흰색을, 약간 시크한 느낌을 원한다면 그레이 계열이 좋다.

9. 화분이나 장식품 등을 올려놓을 선반이 될 목재(가벽 폭보다 약간 넓은 폭)를
   본드와 나사못으로 고정한다.

10. 가벽의 연결틈새나 벌어진 틈도 막고 깔끔하게 정돈된 느낌을 주기 위해 가벽의 가장자리에 나무패널을
    타카나 못으로 박아준다.
11. 가벽과 바깥 창틀까지 같은 색의 페인트로 칠해서 통일감을 준다.
12. 격자창처럼 창문에 붙여줄 몰딩을 자르고 가벽과 같은 색으로 칠한다.

13. 글루건과 목공본드를 섞어서 유리창에 몰딩을 적당한 간격으로 붙인다.

거실에도 가벽을!

베란다로 나가는 문 앞에 가구 등이 놓여 있어 한쪽은 거의 쓰지 않는 경우가 많아요. 또 겨울에 외풍이 너무 세거나 집에 빛이 너무 많이 들어와 불편한 집들도 종종 있습니다. 그럴 때 가벽을 설치해 벽을 확장하면, 훨씬 아늑한 느낌을 주면서 냉·난방면에서도 높은 효과를 볼 수 있어요.

가벽은 셀프 인테리어의 꽃이라고 불린답니다. 단순히 가벽 하나 세웠을 뿐인데 공간이 훨씬 넓어보이죠? 베란다 문 앞에 가구가 튀어나와 있는 것 같아 보기 싫었던 짧은 거실벽을 가벽으로 확장해주니 공간에 더 깊은 안정감이 생겼답니다. 너무 커서 직접 벽에 대고 조립을 했던 안방 가벽과 달리 거실 가벽은 모양을 만들어 끼우는 가벽 만들기의 기본, 정석이라 할 수 있는 방법으로 만들어서 처음 가벽 만들기에 도전하시는 초보분들에게 더 유용할 것 같아요.

🪵🎨 재료 및 구입처
구조목 2×4(인터넷 목공소, 시공하려는 면적에 따라 가격 다름)
던-에드워드 페인트 DEW 344 floating cream(나무와사람들)

after **before**

before **after**

1. 가벽을 설치하려는 문틀의 바닥부터 천장까지 길이를 재서 크기에 맞게 구조목(가벽 설치용 나무)을 재단주문한다.

2. 구조목에 드릴로 이중기리 작업을 해주고 나사못을 이용해 문틀 모양으로 조립한다.

3. 중간에 지지대를 두 개 정도 대어서 보다 더 단단한 가벽틀을 만든다.

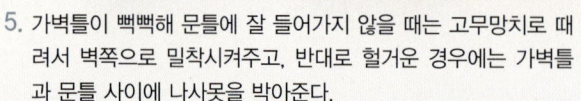

4. 완성한 가벽틀을 문틀에 끼워 넣는다.

5. 가벽틀이 뻑뻑해 문틀에 잘 들어가지 않을 때는 고무망치로 때려서 벽쪽으로 밀착시켜주고, 반대로 헐거운 경우에는 가벽틀과 문틀 사이에 나사못을 박아준다.

6. 가벽 위로 루바를 하나씩 붙인다.

7. 가벽의 위, 아래, 중간지지대 세 부분에 타카를 박아서 루바를 가벽틀에 단단하게 고정한다.

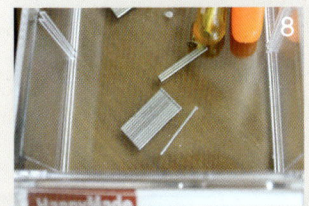

8. 전기타카가 없거나 공간이 좁아 서 타카를 쓸 수 없을 경우, 망 치로 타카핀이나 무두못을 콩콩 때려 고정한다.

9. 아래에 걸레받이용 루바를 가로 로 둘러 깔끔하게 마무리한다.

10. 커버링 테이프를 꼼꼼하게 깔고 페인트를 칠한다.

11. 벽색과 같은 색이 되도록 페인트를 바르고 말리는 과정을 두세 번 이상 반복한다.

Sunny's Bonus

1. 자투리 나무패널을 이용해 보세요.

어두운 색의 헌 철제 책상 위에 밝은 색의 나무패널을 깔아주는 것만으로도 분위기가 달라진답니다. 길이 120cm, 폭 10cm로 재단한 얇은 나무패널 6장을 책상 위에 타카로 고정해주면 돼요. 자투리 나무가 없을 때는 처음부터 책상크기(1200×600mm)에 맞춰 재단주문해 붙여 주세요.

2. 책장의 중간선반을 제거해보세요.

높이가 어중간한 중간선반이 있는 책장의 경우에는 중간선반을 제거하면 훨씬 시원하고 세련된 느낌이 들어요. 중간선반을 나사를 풀어서 제거하고 폭과 길이를 맞춘 나무 판재를 올려놔 보세요(본드나 접착제로 고정해도 되고 그냥 써도 괜찮아요).

3. 여러 소품을 어레인지해 보세요.

큰 책을 꽂기도 힘들고 책들이 자꾸 쓰러져 불편했던 중간선반을 제거하고 올려준 판재 위에 문구류 정리함, 선풍기 등의 소품을 올려 장식해보세요. 액자와 시계까지 벽에 걸어주면 시크한 북유럽풍 카페분위기가 완성된답니다.

잠만 자던 안방을 작업도 하고 책도 읽는 나만의 공간으로 만드는데 꼭 필요한 것은 많은 책과 자잘한 물품들을 수납할 수 있는 책장이었습니다. 시중에 파는 대형 책장은 너무 커서 침대 옆 남은 공간에 들어가기가 힘들고 또 작은 책장은 수납공간이 부족했답니다. 그래서 생각해 낸 것이 공간에 맞으면서 이후에 옆으로 확장해 수납공간을 넓힐 수 있는 디자인이었어요. 북유럽풍이나 인더스트리얼 스타일 가구에서 많이 나오는 철제 책장 디자인을 참고해 만들어 보기로 했습니다.

단순히 책만 꽂는 책장이 아닌, 자질구레한 물품들도 효과적으로 수납할 수 있는 책장을 원했기 때문에 많은 고민을 했답니다. 기존에 리폼해서 쓰던 삼단서랍장을 활용해 가리고 싶은 물품들은 서랍이나 수납상자에 넣을 수 있게 했어요. 또 윗부분에는 책이나 가방 등을 올려놓을 수 있게 디자인해 세상에서 하나뿐인 나만의 책장을 완성했어요. 실용성에 예쁜 디자인까지 더한 독특한 인더스트리얼 책장입니다.

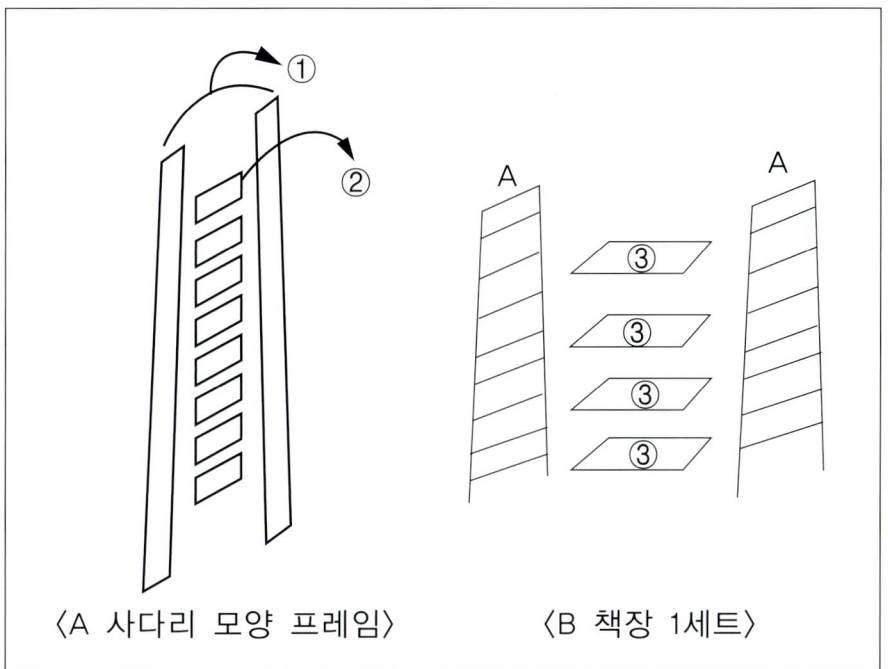

〈A 사다리 모양 프레임〉　　　〈B 책장 1세트〉

A 사다리모양 프레임

① 세로 각재(총 2개)
　45x45 각재, 길이 1800mm

② 중간 지지대(총 8개)
　45x45 각재, 길이 300mm

③ 중간 선반(총 4개)
　800x295mm, 삼나무 두께 24mm

B 책장 1세트

※ A 프레임에 중간 지지대를 넣는 간격은 책의 높이나
　놓을 물건에 따라 자유롭게 조정가능하다.

※ A 프레임을 만들어 세운 뒤, 선반을 질러주면 B책장
　을 옆으로 더 확장할 수 있다.

1. 도안을 그리고 치수대로 각재를 주문한다.

2. 책장선반이 될 판재에 스테인(오크색)을 칠한다.

3. 책장 프레임이 될 각재에 철제 느낌이 나도록 블랙 페인트(던-에드워드 페인트 DE 6357, 또는 진한 그레이 색)를 칠하고, 다 마르면 조립하기 편하게 미리 각재에 드릴로 나사구멍을 낸다.

6. 책장 프레임을 세우고 중간 지지대마다 선반을 올려준다.
7. 선반과 프레임을 퀵그립으로 고정한 상태에서 아래에서 위로 나사못을 박아 선반을 고정한다.

4. 먼저 세로기둥이 될 책장 프레임 2개를 사다리 모양으로 조립한다.
5. 중간 지지대간의 간격은 기본적으로 꽂으려는 책의 높이에 맞춘다. 자로 일정한 간격을 표시해주고 지지대를 연결한다.

1. 삼단서랍장을 활용해 수납공간을 더 넓힐 수 있다.
2. 1의 사진처럼 책장 옆에 서랍장을 붙여준 후, 책장 프레임(세로기둥) 하나를 더 만들어 서랍장에 고정한다. 이때 나사못은 각재에서 서랍장쪽으로 박아 고정한다.
3. 서랍장과 프레임을 꺽쇠로 연결해 한 번 더 고정한다.

4. 중간 지지대 아래쪽 코너를 꺽쇠로 고정해주면 좀 더 안정적이고 튼튼한 책장이 된다(이후 꺽쇠에도 프레임과 같은 색의 페인트를 칠하면 거의 눈에 띄지 않는다).
5. 프레임의 선반과 선반 사이에 중간 지지대를 하나 더 넣어주면 책이 옆으로 쓰러지지 않고 보다 안정적인 수납이 가능하다.

Sunny's Bonus

간격을 넓게 한 선반에는 큰 잡지책이나 가방 등을 편하게 올려놓을 수 있어요. 책을 꽂기가 애매한 칸이 있다면 오른쪽과 같이 수납박스 등을 넣어 활용하면 좋아요.

선반의 가로길이가 너무 길면 무거운 책의 무게를 감당할 수 없어요. 적당한 길이의 두꺼운 나무를 사용하여 선반의 중간 지지대를 만들어주세요.

책뿐 아니라 앨범이나 향초 등을 올려놓으면 훌륭한 인테리어 데코가 된답니다. 옆으로 얼마든지 확장이 가능하기 때문에 넓은 거실 전체에 책장을 만드는 경우에도 활용하면 좋아요.

05 프린터 받침대 만들기

안 방

우리가 집을 꾸밀 때 잘 보이지 않는 곳은 아예 꾸미지 않거나, 대충 아무거나 놓고 쓰는 경우가 많습니다. 예를 들어 책상 밑 같은 곳이죠. 잘 안 보이는 곳은 방치되어 먼지가 쌓이고 보기 싫어져서 자꾸 가리게 되더라고요. 그런데 제가 집을 꾸미다 보니 그런 곳일수록 잘 꾸며놓아야 청소도 더 자주하게 되고 쓰기도 편리하다는 사실을 깨닫게 되었답니다.

재료 및 구입처
공간박스, 상판나무, 바퀴(THE DIY)

스툴이 작아서 아슬아슬하게 프린터를 옆으로 돌려 책상 밑에 방치해 둔 것이 두고두고 마음에 걸렸었어요. 깔끔하고 편리하게 쓸 수 있는 방법을 고민하다가 공간박스를 기본으로 한 번듯한 받침대를 만들어 넣어주고 나니 속이 어찌나 후련하던지요. 공간박스를 기본으로 해 만들기도 쉽고, 바퀴가 있어서 옮기거나 청소하기도 편한, 또 아래에는 프린터 용지와 책 등을 수납할 수도 있어 1석 3조인 프린터 받침대랍니다. 역시 예쁘게 만드는 것이 다가 아니라, 보기에도 좋고 내가 쓰기에 편리하게 만드는 맞춤형 인테리어가 셀프 인테리어의 장점이라는 것을 다시 한번 느끼는 순간이었어요.

200

1. 반제품 공간박스를 준비한다(시중에 나와 있는 공간박스로 충분하지만, 만약 프린터가 조금 큰 경우라면 재단주문한다).
2. 반제품 공간박스의 경우 피스 구멍이 나 있으므로 드라이버로 조립하면 된다. 없는 경우에는 드릴로 구멍을 내고 나사못을 박아 조립한다.

3. ㄴ-ㄷ-ㅁ 순으로 조립해서 사각형 모양을 완성한다.
4. 뒤판용 합판을 대고 타카로 박아준다(나사못 또는 무두못을 사용해도 된다).
5. 공간박스 윗면에 목공본드를 골고루 바른다.

6. 프린터가 올라갈 약간 넓은 상판나무를 본드칠한 윗면에 붙인다 (상판나무의 가로×세로 사이즈는 프린트 크기를 고려해 정한다).

7. 뒤집어서 아래를 향하게 한 후, 안쪽에서 나사못을 박아 공간박스와 상판을 고정한다.

8. 공간박스와 상판의 모서리 부분을 가는 사포(400방)로 문질러서 나무결을 정리한다.

9. 다시 상판이 아래로 가도록 뒤집은 후, 공간박스 네 모퉁이에 바퀴를 달아준다.

10. 공간박스 안쪽에 별 스텐실을 찍어 포인트를 준다.

11. 프린터가 올라가는 상판을 제외하고, 잘 보이는 옆면 등에 스텐실을 찍어주면 통일감이 있고 깔끔하다.

12. 먼지에 오염되지 않게 전체적으로 바니쉬를 칠한다.

헌 사다리의 놀라운 변신

외국 화보에 꼭 하나씩 등장하는 멋스러운 아이템 중 하나인 사다리 선반은 좁은 공간에도 놓을 수 있고, 책장이나 선반으로의 수납 역할은 물론 인테리어 효과도 뛰어나답니다. 마침 버리려던 사다리가 있어서 옆 책장과 같은 분위기로 리폼해 보았어요. 이렇게 서로 다른 시기에 사거나 만든 가구라도 비슷한 느낌으로 리폼하면 마치 세트가구인 것 같은 효과를 줄 수 있어요. 코너나 침대 옆 등에 세워서 간단한 책이나 소품을 올려놓는 장식소품 가구로 이용해도 좋아요. 반제품으로 구입해 만들어도 좋지만, 버리려던 헌 사다리를 재활용하면 환경도 보호하면서 비용도 많이 절약할 수 있답니다.

1. 헌 벙커침대 사다리를 페인팅하기 전에 깨끗이 닦아 준다.
2. 철제 느낌이 나도록 진한 그레이 색(던-에드워드 페인트 DE 6357)으로 칠한다.

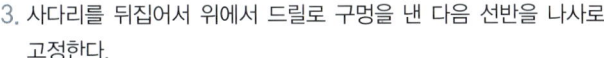

3. 사다리를 뒤집어서 위에서 드릴로 구멍을 낸 다음 선반을 나사로 고정한다.
4. 사다리 칸마다 같은 크기의 판재를 올려서 3과 동일한 방법으로 고정한다(목공본드를 함께 쓰면 더 단단하게 고정 가능하다).
5. 선반에 사다리와 같은 색의 페인트를 전체적으로 칠한다.
6. 선반 칸마다 숫자 스텐실을 찍어 장식해주고 바니쉬로 마감한다.

블라인드 달기

　안방 가장 깊숙한 곳, 안방 화장실과 옷장, 화장대 등이 모여 있는 파우더룸은 보통 문이 없이 그냥 뚫려있는 경우가 많아요. 파우더룸은 가족들이 매일 사용하는 공간이다보니 옷가지나 수건을 아무렇게나 놓기 쉽고, 드라이기는 대충 올려져 있어서 아무리 치워도 늘 너저분해 보이죠. 그래서 식구들 한 명, 한 명을 붙잡고 잔소리를 반복하는 것보다 그냥 블라인드로 깔끔하게 가려버리자 생각했답니다. 쉽고 간단하게 보기 싫은 공간을 싹 가려버릴 수 있고, 나중에 떼어낼 때도 간편한 방법입니다. 평소에는 블라인드를 올려놓고 편하게 쓰다가 급하게 손님이 오시거나 시어머니가 갑자기 방문하신다고 할 때, 블라인드를 싹 내려버리면 걱정 끝이랍니다.

몇 년 쓰다가 유행이 지나버려서 또는 커튼으로 바꾸어 달면서 떼어낸 집에 있는 블라인드를 재활용해도 좋고, 인터넷 등에서 가격이 저렴하고 쉽게 구할 수 있는 종류로 주문해 블라인드 문을 만들 수 있어요. 너무너무 간단한 블라인드 다는 방법이에요.

after

before

1. 블라인드를 달기 전에 문틀에 페인트칠을 해주면 좀 더 깔끔하게 보인다. 페인트칠 전 커버링 테이프와 마스킹 테이프를 주변에 꼼꼼히 붙여 페인트가 튀지 않도록 한다.
2. 필름지로 된 문틀에 작은 붓으로 페인트를 꼼꼼하게 칠한다.

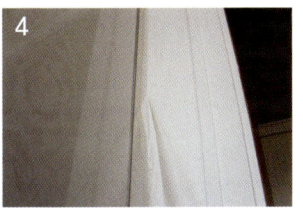

3. 페인트가 벗겨지는 것을 방지하고 더 완벽한 페인팅을 위해 젯소-페인트-바니쉬 과정을 각 과정마다 2~3회 정도 반복한다.
4. 페인트가 완전히 마르면 마스킹 테이프를 떼어낸다. 혹시 페인트가 튄 부분이 있으면 물휴지로 꼼꼼히 닦아내고 주변을 정리한다.

5. 문틀 위에 블라인드 고정고리(브라켓)를 사진과 같은 모양으로 양쪽에 달아준다.

6. 블라인드를 5의 고리에 딱 소리가 나게 끼워준다.

* 여자 아이방

01 투톤 페인팅 & 커튼 달기

여자 아이방

화사하고 포근한 그린색 방 만들기

시크하고 카페 같은 느낌을 좋아하지만 아이들방만은 포근하고 편하게 쉴 수 있는 공간을 만들어주고 싶은 마음에 딸아이방 컨셉은 처음부터 그린이었습니다. 그린은 사계절 푸르고 따뜻한 느낌을 주는 데다가 공부하는 아이들의 집중력도 높여준다고 해요.

이전 딸아이방 벽지는 깔끔하긴 하지만 약간 때가 탄 듯한 아이보리색 벽지였어요. 화이트는 병원같아 싫다는 딸아이의 의견을 고려해 그린색을 메인색으로 정했지만, 올 그린색은 좀 답답해 보이지 않을까 하는 생각이 들었답니다. 때문에 벽을 분할해서 두 가지 색으로 페인팅(투톤 페인팅)을 하면서 분할선의 위치는 더 위쪽으로 잡아줬어요. 이렇게 하면 방이 더 넓어 보이고, 천장은 높아 보이는 효과가 있답니다. 약간씩 변화는 있지만 딸아이방은 칠을 하지 않은 내추럴한 원목색과 그린색을 메인테마로 한 보기에도 편안하고 화사한 공간으로 탈바꿈했어요.

210

1. 벽에 걸려있는 액자, 시계 등을 모두 제거하고 못 등도 가능하면 제거한다.
2. 페인트가 튀지 않고 청소가 쉽도록 바닥과 주변 가구 등에 커버링 테이프를 꼼꼼히 붙인다.

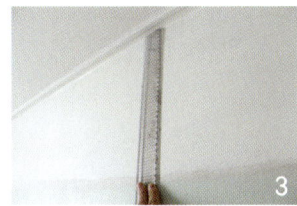 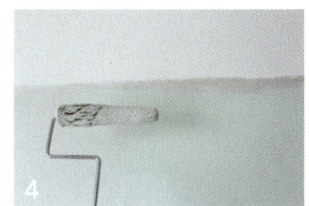

3. 30cm자를 천장에 대고 30cm 만큼 아래에 연필로 분할선을 표시한다.
   벽 전체에 분할선을 긋는다.
4. 연필로 그린 분할선을 기준으로 약간 아래쪽에 페인트칠을 한다.
   모서리와 가장자리 부분을 먼저 붓으로 칠해주고 넓은 면은 롤러로 칠한다
   (롤러를 사용하면 넓은 공간도 매끄럽고 빠르게 칠할 수 있다).

중간에 띠벽지를 붙여줄 거라면 위쪽 페인팅은 분할선에 맞춰 대충 칠해도 괜찮아요.
띠벽지나 몰딩을 붙이지 않는 경우라면, 분할선에 마스킹 테이프를 붙여 정확히 선을
나누어 깔끔하게 칠해 주세요.

 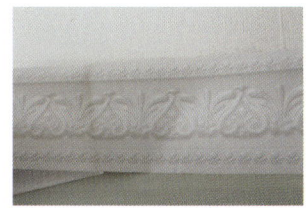

5. 띠벽지의 뒷면을 조금 떼어 붙일 준비를 한다. 앞에서 연필로 표시한
   분할선에 띠벽지 윗선을 맞추고 뒤에 이형지를 천천히 떼어가면서 띠벽지를 붙인다.

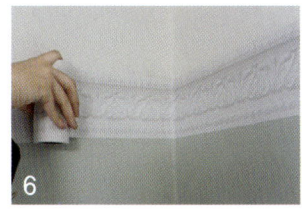 

재료 및 구입처
던-에드워드 페인트
DE 6553 green lane(나무와사람들),
띠벽지(문고리닷컴)

6. 코너 등을 만날 때는 살짝 구부려 준 뒤 반듯하게 당기며 붙인다.
   띠벽지는 몰딩보다 시공이 훨씬 간편하다.
7. 가장자리에 닿으면 커터칼로 깔끔히 잘라서 마무리한다.

미리 연필로 분할선을 긋고 작업하면 띠벽지를 붙이기 쉽고 비뚤어질 염려도 적어요. 두 가지색으로 분할해서 페인팅하면 방이 단조롭지 않고 고급스러워 보이지요. 또 띠벽지선에 맞추어 액자들을 가로 또는 세로로 배치하면 아주 센스있는 인테리어가 된답니다.

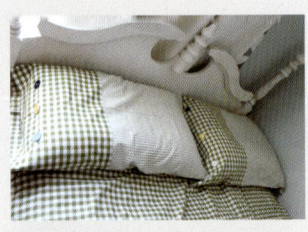

페인팅 후 그에 어울리는 커튼과 침구를 배지하면 인테리어 효과는 배가 됩니다. 꼭 비싼 커튼이나 침구일 필요는 없어요. 집에 있는 것들로 색을 비슷하게 맞춰주면 훌륭한 데코가 완성된답니다.

그 중 커튼달기는 어렵지 않고 한번만 해보면 누구나 할 수 있는 셀프 인테리어 중 하나랍니다. 커튼을 접을 때는 손으로 예쁘게 주름을 만들어서 매어주면 좋아요. 정기적으로 떼어내 세탁·탈수를 한 후에 완전히 말리지 않고 그대로 걸어줘도 자연 건조된답니다.

커튼 달기

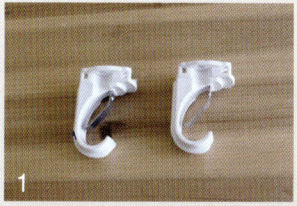 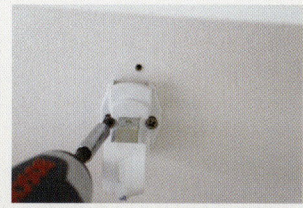

1. 커튼봉 고정고리(브라켓)를 천장에 나사못으로 고정한다(브라켓은 철물점이나 마트에서 구입할 수 있다).

2. 커튼봉에 커튼링들을 끼워주고, 가장자리에 커튼봉 마개를 끼워 고리들이 빠지지 않도록 한다.
3. 커튼봉을 1에 달아준 브라켓에 끼운다.

4. 커튼에 커튼핀을 꽂아준 뒤, 커튼링에 하나씩 끼운다.

5. 벽에 커튼 끈걸이(후사고리)를 달아주면 완성이다.

침대 밑 공간 똑똑하게 활용하기

앞에 거실 소파 부분에서도 말했지만, 저희 집은 모든 침대 아랫부분에 서랍을 집어넣어 옷이나 이불을 수납할 수 있도록 되어있어요. 그 이유는 대부분 베란다 확장형인 저희 아파트엔 창고 공간이나 수납장을 넣을 만한 공간이 절대적으로 부족하기 때문입니다.

특히 옷 욕심이 많은 딸아이는 철마다 옷을 사대는 바람에 옷들이 옷장을 비집고 나올 정도로 복잡하답니다. 그래서 특별히 딸아이방 침대는 그냥 침대 아래에 작은 서랍이 두 개 있는 평상형 침대 말고 수납침대로 만들어봤어요. 세 통으로 분리된 수납침대는 아래 서랍 공간이 엄청나게 커서 이불부터 겨울 파카까지 안 들어가는 게 없을 정도고, 아래 공간에 여유도 있어 넣고 빼기가 수월해요.

아이들에게 방을 정리하는 습관을 들이게 하려면 어느 물건은 어디에 둬야 한다는 규칙을 정하고 그 수납공간은 항상 절반 정도만 채우고 비워둬야 한답니다. 짐들이 너무 꽉 차 있으면 집어넣거나 정리하기 싫어진다는군요. 그러기 위해서는 아이방에 수납공간을 많이 마련해야 하는데 방 크기는 한정되어있고 수납할 것은 많으니 이런 침대 밑 공간이나 틈새 옷장 같은 가구는 아주 효자 아이템일 수밖에 없어요. 게다가 여름에는 평상처럼 시원하게 잘 수도 있고 라텍스나 스펀지, 일반 요 등을 깔고 자도 좋은 편리한 침대랍니다.

1. 헌 침대는 분해해서 버리고 하얀 헤드부분은 떼어내 한쪽으로 치워둔다.
2. 먼저 ㄷ자 모양으로 조립한다. 침대는 튼튼함이 생명이므로 내구성을 높이기 위해 목공본드-이중기리 작업-나사못 순으로 조립한다.
3. 서랍이 들어가다가 멈춰 설 수 있도록 중간에 지지대를 하나 붙인다.

4. 왼쪽 뚫린 부분은 서랍이 들어갈 부분이므로 위쪽 부분만 지지대를 나사못으로 박아준다.
5. 침대 상판이 될 부분을 바닥에 놓고 결합부위에 목공본드를 바른다.

6. 4번에서 만든 침대 틀을 뒤집어서 5번의 침대 상판 위에 올린다.
7. 안쪽에서 침대상판 쪽으로 나사못을 박아서 고정한다.

8. 7번을 뒤집으면 사진과 같은 평상모양이 나온다. 이런 방식으로 두 개를 더 만들어서 나란히 붙인다.
9. 떼어내 치워두었던 침대 헤드는 기존 철물을 이용하여 수납침대 위쪽에 붙인다(수납침대는 헤드 없이 써도 되는 제품이지만 이렇게 헤드를 재활용하면 안정감이 있고, 가구를 버리는 비용도 절약할 수 있다).

서랍 만들기

10. ㅁ자 모양으로 조립하고 밑판을 붙인다.

11. 침대에서 꺼내고 넣기 쉽도록 서랍 네 귀퉁이에 바퀴를 단다.
    같은 방법으로 서랍 두 개를 더 만든다.

12. 만든 서랍을 넣는다.

03 책상 리폼

보통 책상 리폼이라고 하면 그냥 전체적으로 페인트칠을 하는 것만 생각하는 경우가 많아요. 그런데 사실 단순한 페인트칠만으로는 해결이 되지 않는 부분들도 많고 막상 쓰다보면 보기보다 불편한 곳이 눈에 띄기 시작해요. 산 지 10년 된 딸아이방의 책상은 침대, 장롱과 세트가구라서 어쩔 수 없이 그대로 쓰고 있었는데 몇 가지 문제점들 때문에 항상 신경이 쓰이는 가구였어요.

문제점 1

한쪽이 구부러진 구조라 아이가 크면서 책상이 좁아지고 쓰기가 불편했습니다. 그런데 원목으로 교체하려니 나무 값만 해도 어마어마한 금액이었어요. 그렇다고 아이 몸에 좋지 않은 본드나 화학성분이 걱정되는 합판을 사용할 수는 없고…. 기존의 상판을 활용할 수 있는 방법을 찾아야 했지요.

문제점 2

유리를 깔았지만 책상 색이 흰색이라 유리 아래로 먼지가 들어가 더러워진 책상이 너무 잘 보였어요. 잘 지워지지도 않는데다 투명유리라서 가려지지도 않았죠. 그래서 before 사진처럼 리폼했었지만 딸아이는 책상 표면이 울퉁불퉁하다며 싫어했어요.

문제점 3

 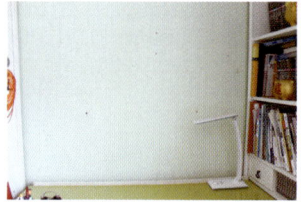

딸아이 책상은 컴퓨터 본체를 넣는 공간이 따로 있는 컴퓨터 겸용 책상이었지만 컴퓨터를 놓지 않았어요. 그래서 이 공간에 물건을 수납했는데 정리는 잘 안되고 열면 와르르 무너지기 일쑤였지요. 또 책상 앞벽에 액자나 포스터를 붙이면서 생긴 구멍자국은 페인팅을 다시 하는 것만으로 보완할 수 없었어요.

최소의 비용을 사용하면서 이런 문제점들을 해결할 수 있는 방법을 고민하다 깔끔하고 쓰기 편하면서도 편리함을 갖춘 책상으로 리폼했답니다. 특히, 창고처럼 물건이 쌓여있던 책상 아래 서랍부분에는 선반 하나를 질러 주어 깔끔한 정리가 가능하고 편리한 수납공간을 만들었어요. 높이가 높아서 책도 꽂을 수도 있고, 손잡이를 원목손잡이로 교체해 마치 원목책상 같은 느낌이 들도록 했답니다. 앞으로 십년은 더 쓸 수 있겠지요?

before

after

🖌️ **재료 및 구입처**
색깔유리 그린색(하얀유리), 원목손잡이 4개(THE DIY), 코르크보드(페인트인포),
던-에드워드 페인트 DEW344(나무와사람들)

책상 상판

1. 먼저 상판을 분리하고 반듯한 직사각형 모양을 연필로 표시한 뒤, 연필선을 따라 톱으로 책상의 구부러진 부분을 반듯하게 일직선으로 자른다.

3. 쫄대를 떼어낸 부분이 더 매끈하다. 이 부분을 책상 앞쪽으로 돌리고, 다소 매끈하지 못한 부분은 톱질을 해서 뒤쪽으로 놓은 뒤 서랍 위에 올린다.

2. 상판 뒷부분에 대어져 있는 쫄대를 분리한다(쫄대가 없는 경우에는 생략).

4. 상판 위를 가볍게 사포질하고 물휴지나 걸레로 깨끗이 닦는다.
5. 투명유리는 먼지가 들어가면 오염이 잘 보이므로 색깔유리를 크기대로 주문해서 깔아준다(상판을 페인팅한 후 투명유리를 깔아줘도 효과는 비슷하다).
6. 상판의 군데군데 까진 부분은 메꾸미, 페인트 등으로 보완한다.

🖌 선반 지르기

 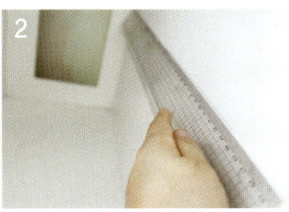 

1. 컴퓨터 본체가 들어가는 책상 아랫부분 서랍공간을 깨끗이 닦아서 정리한다.
2. 공간의 중간 정도 지점의 길이를 재고 선반이 들어갈 자리를 연필로 표시한다.

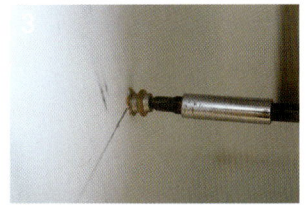 

3. 선반 받침용 부품나사인 피스다보를 표시한 연필선에 맞춰 좌우 각각 2개씩 박는다.

수납장 문이 닫힐 것을 감안해 길이를 재어야
문이 닫히지 않는 불상사를 예방할 수 있다.

선반의 길이 = 수납장 세로길이 − 문의 두께

4. 길이를 재어 재단주문한 판재를 올린다.

5. 서랍의 앞부분을 페인팅해서 더러워진 부분을 깔끔하게 정리하고, 표면보호를 위해 페인팅 후에는 바니쉬를 발라준다.
6. 헌 손잡이를 새 손잡이(원목손잡이)로 교체한다.

책상 앞 코르크보드 달기

1. 벽면을 정리하고 못이나 포스터 등을 제거한다.
2. 보드를 달 곳의 위치를 확인하고, 한 쪽에 먼저 못을 박아 보드를 걸어준다.
3. 수평계를 올려 수평을 확인한 후 나머지 한 쪽에도 나사 못을 박는다.
4. 아이의 시간표나 통신문, 달력 등을 꽂는다(화이트보드나 칠판으로 대체가능).

04 화장대 만들기

실용만점 수납형 화장대

요즘 여자애들은 중학생 정도만 되어도 쓰는 화장품이 참 많아집니다. 또 드라이기며 고데기며 어찌나 머리에 신경을 쓰는지 정말 우리 때랑은 다른 격세지감을 느낀답니다. 문제는 쓰고 여기저기 막 던져놓고 간 화장품과 헤어기구들이 방안 여기저기에 어질러져 있다는 사실이죠. 도무지 잔소리를 해도 치울 생각을 하지 않고 딸은 "나중에, 나중에 치울게"를 반복한답니다.

그래서 모든 물품을 집어넣고 뚜껑을 닫아 깔끔히 정리할 수 있는 수납형 화장대를 만들었어요. 먼지도 덜 쌓이고, 손님이 온다든가 급하게 방을 치울 때 한번에 물품들을 집어넣고 뚜껑을 닫아 정리할 수 있어 실용만점이기도 해요. 또 침대 옆 협탁이나 독서대로도 활용할 수 있답니다.

재료 및 구입처

목재 재단주문(THE DIY)

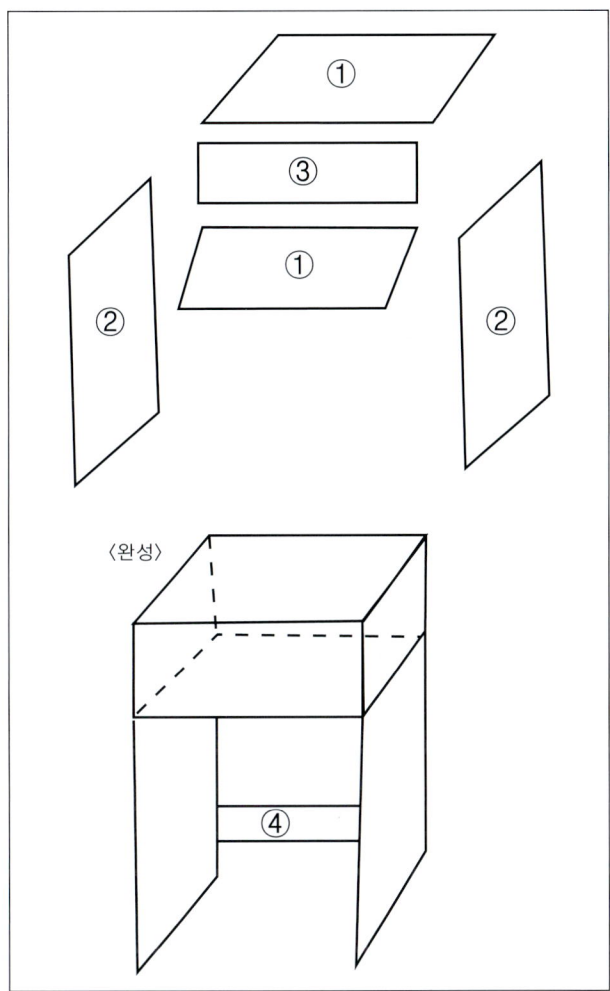

① ③ ① ② ② 〈완성〉 ④

삼나무 두께 15mm
① 상판 565×400mm, 하판 565×400mm

삼나무 두께 12mm
② 옆판(총 2개) 740×400mm

삼나무 두께 15mm
③ 공간박스 앞판 565×215mm
　　　　　　　뒤판 565×215mm

삼나무 두께 15mm
④ 다리 지지대 565×100mm

1. 도안에 따라 재단되어 온 나무의 각 위치를 확인한다.
2. 나사못을 박을 자리에 이중기리로 나사구멍을 낸다.
3. 나무 두 개에 나사못을 박아 화장대 몸체 부분(ㄴ자 모양)을 만든다.

4. 나사못과 목공본드를 사용하여 ㄷ자 모양으로 조립한다.
5. 화장대 상판이 될 부분은 맨 마지막에 연결해줄 것이므로 일단 밑에 깐다.
6. 5번 상판 위에 4에서 만든 몸체(ㄷ자 모양)를 덮는다(이때 덮기만 할 뿐 나사를 박지는 않는다).

7. 비어있는 옆면을 옆판으로 막아주고 나사못을 박는다. 반대편도 역시 나사못과 목공본드로 고정한다.
8. 뒤집으면 이렇게 상자모양의 화장대가 나온다(아직 상판은 덮지 않은 상태).
9. 화장대 다리사이에 지지대를 끼워 나사못을 박는다.

10. 화장대 가운데에 전체 높이보다 약간 낮게 칸막이를 질러준다.
11. 옆면으로 나사를 박아서 칸막이를 고정한다.
12. 경첩을 달아준다.

13. 화장대 뚜껑이 뒤로 확 젖혀지지 않게 몸체 안쪽에 드라이버로 수대를 단다.
14. 상판을 열고 안쪽 가장자리에 작은 나무토막을 단다.
15. 수대의 나머지 한쪽을 14번의 나무토막에 달아준다.

16. 안전을 위해 깨지지 않는 아크릴 거울을 준비한다.
    화장대 크기보다 작은 아크릴 거울 뒤쪽에 양면테이프를 붙인다.
17. 화장대 뚜껑 안쪽에 아크릴 거울을 붙인다.
18. 거울 가장자리에 손을 베이거나 거울이 들뜨는 일이 없도록
    쫄대를 거울 테두리에 본드로 붙여주고 굳을 때까지 마스킹
    테이프로 붙여 놓는다.

19. 쫄대에 원하는 색의 페인트를 칠한다(원목색이 좋으면 그냥 그대로 두어도 좋다).
20. 페인트가 마르면 마스킹 테이프를 떼어내고 가장자리를 사포로 약간 정리한다.
21. 화장대 앞면에 레터링지로 아이의 이니셜을 새긴다.

22. 열고 닫기 편하게 한쪽 귀퉁이에 손잡이를 달아준다.
23. 오염을 방지하기 위해 전체적으로 바니쉬를 두세 번 발라서 마무리한다.

05 옷장 리폼

    여자아이답게 옷이며 모자 등 잡다한 것이 많은 딸아이 방은 조금만 정리해주지 않거나 짐을 넣을 공간이 없으면 바닥에 잡동사니가 쌓이곤 합니다. 그래서 집의 다른 곳보다 딸아이 방에는 기존에 있던 붙박이장부터 이사 올 때 가져온 옷장, 틈새옷장까지 옷장이 정말 많습니다. 자칫 제 각각의 디자인으로 산만하고 복잡해 보일 수 있는 가구들을 같은 톤의 포인트 색상으로 리폼하면 마치 원래 세트가구였던 것처럼 연출할 수 있어요. 페인트 하나를 알차게 활용할 수 있어서 비용도 상당히 저렴하다는 장점도 있답니다. 어렵지 않으면서도 유럽저택의 블링블링 우아한 앤틱스타일을 낼 수 있는 리폼비법입니다.

before

after

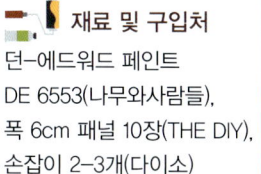

재료 및 구입처
던-에드워드 페인트
DE 6553(나무와사람들),
폭 6cm 패널 10장(THE DIY),
손잡이 2-3개(다이소)

붙박이 옷장

　　요즘 대부분의 아파트에는 붙박이장이 하나쯤 있어요. 문제는 그 디자인이 너무나 천편일률적이라 요즘 나오는 가구들과 도저히 잘 어울릴 수 없다는 거죠. 그렇다고 이름처럼 벽에 붙어있는 옷장을 떼어내거나 옮길 수도 없습니다. 하지만 붙어있는 옷장을 떼어내지는 못해도 다른 가구들과 비슷하게 리폼할 수 있는 능력이 있으니 괜찮습니다. 하나의 페인트 색만 사용해 통일되고 깔끔한 느낌을 주는 것도 한 방법이지만, 밋밋하지 않도록 각각의 옷장 디자인을 약간씩 다르게 해주세요.

　　덩치 큰 붙박이 옷장을 리폼하는데 든 비용은 페인트 한 통, 천원짜리 패널 열장, 천원숍의 손잡이 세 개 정도의 금액이에요. 벽을 칠하고 남은 페인트를 사용한다면 비용은 더 낮아지지요. 그런데도 가격대비 비싼 수입 가구 부럽지 않은 고급스럽고 우아한 자태를 뽐내는 옷장이 되었습니다. 유럽식 웨인스코팅 방법으로 둘러준 패널과 상큼한 민트색이 어우러져 우아한 스타일이 완성됐습니다. 붙박이장 뿐 아니라 민무늬의 긴 장롱 리폼에도 활용할 수 있고 나무패널 대신 장식몰딩을 사용하면 좀 더 앤틱한 분위기 연출이 가능해요.

1. 얇은 5mm 패널을 잘라 문에 붙인다(PART 2 현관 273쪽 도안 참고).
   문이 열리는 부분에 패널이 걸리지 않게 가장자리에서 문의 두께 만큼 떨어뜨려 붙인다.
2. 반대편도 같은 길이로 붙이고 두 패널 사이의 가로 간격을 잰다.

3. 2에서 잰 길이를 패널에 연필로 표시한 후 자른다.

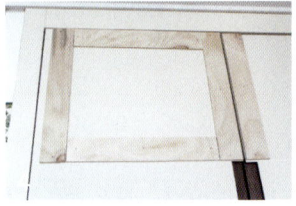  

4. 타카나 무두못을 사용해 두
   패널 사이에 잘라낸 가로패
   널들을 붙인다.

5. 일정한 간격을 두고 아래쪽에 긴 사각형 모양을 만들 긴 패널을
   붙인다. 패널을 자르지 말고 기본 사이즈 패널(120cm)을 그대로
   사용하면 편리하다.

6. 같은 방법으로 아래쪽에도 패널을 둘러준다. 리폼하려는 옷장이 긴 경우라면 3등분하고, 길지 않다면 2
   등분해서 사각형으로 패널을 둘러주는 것도 좋다.
7. 패널작업 후 페인트칠을 하기 전에 테이프를 붙여 페인트가 다른 곳에 묻지 않도록 한다(바닥에는 커버
   링 테이프, 벽에는 마스킹 테이프).

8. 전체적으로 화이트로 페인팅한다. 과정은 젯소 → 페인팅 순으로 각 과정을 두세 번 반복한다.

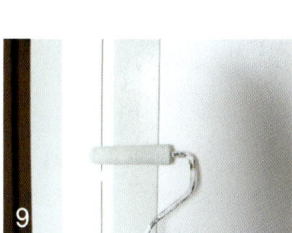

9. 나무패널 부분만 다른 색상 (던-에드워드 DE 5653)의 페인트를 칠해 포인트를 준다. 페인트 마감 후 바니쉬를 사용해 표면을 코팅해주면 페인트가 벗겨지지 않고 더 오래간다.

10. 페인트가 다 마르면 적당한 위치에 드릴로 구멍을 뚫고, 수평계를 이용해 반대쪽에도 구멍을 뚫는다.
11. 문의 뒤쪽에서 10에서 뚫은 구멍을 통해 나사를 박는다.

12. 문의 앞쪽에서 11에서 박은 나사에 손잡이를 돌려서 끼운다.

일반옷장 리폼

정말 다행히도 딸아이 방 가구들은 모두 화이트로 구입해서 어떤 가구와도 무난하게 오래 사용했었어요. 딸아이가 6살 때 산 옷장이었는데 벌써 십년이 넘었네요. 오래 사용하다보니 손잡이도 헐거워지고 흰 가구라 때도 많이 탔답니다. 가구에 탄 때는 닦아도 잘 지워지지 않더군요. 기본적으로 몰딩이나 곡선이 있는 가구의 경우, 앞의 붙박이장처럼 그 위에 패널이나 몰딩을 둘러 리폼하기가 어렵습니다. 하지만 가구를 깨끗이 닦아서 페인트칠만 해도 충분히 새 것 같은 느낌을 줄 수 있어요. 여기에 창의적인 리포머로서의 기질을 발휘해 남은 페인트와 마스킹 테이프를 이용해 포인트를 주면, 기존 가구보다 훨씬 우아한 아이방 옷장이 됩니다.

사실 가구리폼은 어렵고 거창한 것이 아니라, 가구의 홈만 칠하거나 독특한 손잡이로 바꾸는 등 약간의 변형만으로 집을 아름답게 만드는 나만의 아~트 한판을 해보는 거예요. 낡은 가구를 깨끗이 닦아서 페인팅하는 것, 그것만으로도 충분히 집을 아름답게 할 수 있습니다.

after

before

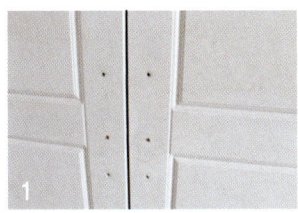  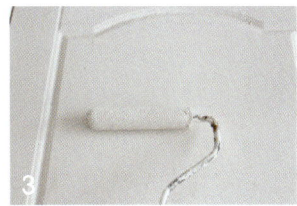

1. 두세 번의 손잡이 교체로 가구의 손잡이를 떼어낸 흔적과 흠집이 많다. 메꾸미를 바르고 구멍에 집어넣어 잘 마감한다.
2. 가장자리와 굴곡이 진 부분은 붓을 이용해 칠한다.
3. 넓은 면적은 롤러로 매끈하게 칠한다.

4. 몰딩 혹은 곡선으로 파인 부분 주변에 마스킹 테이프를 붙인다.

5. 홈부분이나 몰딩부분만 다른 색으로 페인트칠한다.

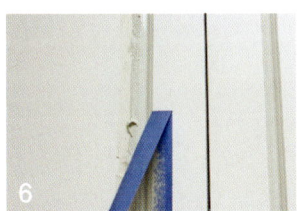  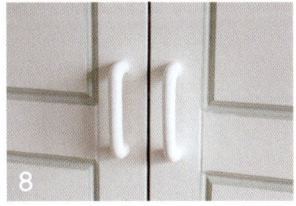

6. 다 마르면 마스킹 테이프를 떼어낸다.
7. 페인트가 삐져나오거나 튄 부분들은 미술용 작은 붓에 화이트 페인트를 찍어서 정리한다.
8. 떼어놓았던 손잡이를 하얗게 칠해서 달아도 좋고, 취향에 따라 다른 손잡이로 교체해도 좋다. 마지막에 페인트 보호를 위해 바니쉬를 두세 번 발라주면 더 오래 쓸 수 있다.

06 틈새옷장 만들기

　아이들 방은 옷장이 있어도 쉽게 어질러지죠. 아들은 장난감을 여기저기 놓아서 방을 어지르고, 딸아이는 옷들을 여기저기에 벗어놓고 다녀 방을 어질러요. 거기다가 남편이 사다놓은 옷걸이는 아이의 옷과 가방으로 쓰러질 지경에 이르러서 그 작은 공간에 틈새옷장(미니 옷장)을 하나 더 만들기로 했답니다. 보통 옷장은 나무도 많이 들어가고 만들기도 어려운 게 사실이지만, 예전에 아들 방에 벙커침대를 분해하고 남은 삼단 서랍장과 자투리 나무들을 이용하면 어떻게든 옷장을 만들어 볼 수 있겠다 싶어서 리폼을 시작했어요.

리폼한 삼단 서랍장 위에 네모로 옷장 틀을 만들어 올려주고 문을 달아주니 근사한 미니옷장이 되었답니다. 옷을 다 걸고 옷장 문을 닫으니 방도 훨씬 깔끔해졌지요. 버리려던 협탁과 자투리 나무들이 아래는 속옷이나 양말 등의 수납공간으로, 위쪽은 자주 입는 옷 보관함으로 멋지게 변신했습니다. 헌 서랍장이 있다면 한번 도전해 보세요.

before　**after**

1. 낡은 서랍장을 깨끗이 닦아준다.
2. 페인트칠이 잘 먹도록 먼저 젯소를 칠한다.
3. 원하는 색으로 페인트칠을 한다(매끈한 표면을 원한다면 붓보다는 롤러를 사용한다).

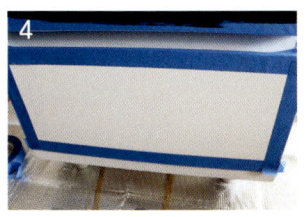

4. 페인트가 묻지 않도록 서랍 앞면에 마스킹 테이프를 붙인다.
5. 서랍 앞부분에 칠판 페인트를 두세 번 바른다.
6. 칠판 페인트가 마르면 마스킹 테이프를 제거한다.

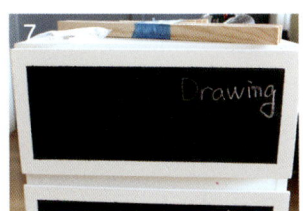
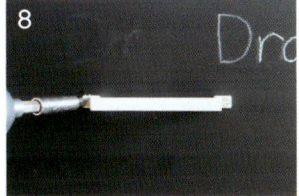

7. 서랍마다 들어있는 내용물을 한눈에 알아볼 수 있게 분필로
   메모한다.
8. 흰색 손잡이를 달아준다.

9. 서랍 크기대로 쫄대를 잘라 액자모양으로 네모나게 붙인다.

1. 옷장의 상부장을 만들 나무에 이중기리를 낸다.
2. 먼저 나무를 나사못과 목공본드를 이용해 ㄴ자 모양으로 조립한다.

3. 나무를 ㄷ자 모양으로 조립하고 아래를 막아 긴 직사각형 모양이
   되도록 한다.

4. 가구 뒤판을 5T짜리 미송합판으로 막는다(나사못이나 타카로 고정).
5. 만든 상부장을 리폼한 서랍장 위에 올려준다(상부장을 재단주문해야 할 경우에는 하부장의 가로, 세
   로 길이를 정확히 재어 주문한다).

6. 상부장 안쪽에서 하부장 쪽으로 나사못을 박아서 연결한다.

7. 상부장 가로폭에 맞춰 목봉을 자른다(사진처럼 집에 있는 커튼봉 등을 재활용해도 좋고 나무재단 사이트에서 주문해도 된다).

8. 목봉을 옷장 안에 끼우고 바깥에서 나사못을 박아 고정한다.

문짝 만들기

1. 상부장의 가로, 세로 길이에서 각각 5mm 정도 뺀 사이즈로 홈파기 패널과 합판을 재단주문한다(반제품 문짝을 사는 간편한 방법도 있다).

2. 홈파기 패널을 미송합판 테두리에 끼워 넣는다.

3. 문 안쪽에서 모서리에 타카나 갈매기 핀을 박아 고정한다.

4. 문 바깥쪽에 ㄱ자 평철을 나사못으로 고정한다.

5. 완성한 문짝의 위아래에 이지경첩을 단다.

6. 이지경첩을 단 문짝을 옷장 몸체에 단다.

7. 문짝의 중간쯤에 드릴로 구멍을 낸 후, 손잡이 나사를 안에서 밖으로 박는다.

8. 바깥쪽에 손잡이를 달아준다.

9. 문짝 안쪽에 빠지링의 붙임쇠 부분을 달고 옷장 위쪽에
   빠지링의 자석부분을 붙인다.

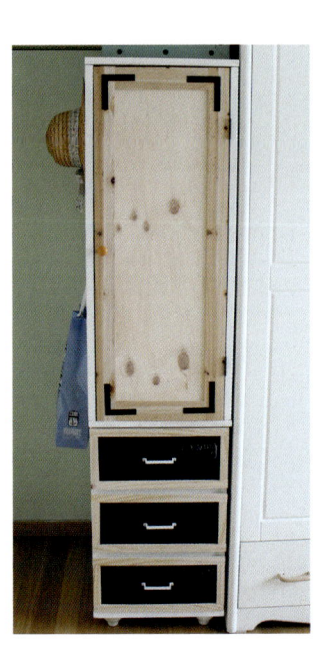 

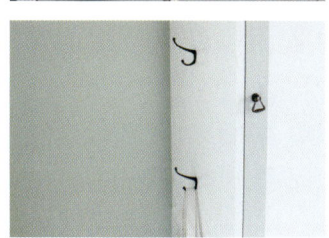

셀프 인테리어의 좋은 점은 바로 약간의 수정만으로도 언제든 새로운 느낌의 가구를 가질 수 있다는 점일 거예요. 옆 옷장을 리폼하면서 전체를 화이트&그린으로 다시 칠해줬어요(내추럴한 스타일의 인테리어가 좋으신 분들이라면 원목색 그대로 쓰셔도 좋아요). 옷장 옆에 길다란 훅걸이를 달아주었더니 화이트&그린의 상큼하고 우아한 느낌이 더욱 매력적으로 변신했답니다.

추억을 간직한 사진 선반

저는 아직도 가끔 딸아이의 어릴 적 사진을 보면서 추억에 피식 웃습니다. 사진 속 인형같이 귀여웠던 아기는, 엄마~ 엄마~하면서 쫓아 다니던 아기는 이제 훌쩍 자라서 엄마보다 키도 더 크고 얼굴은 시크하며, 뭘 물으면 단답형으로 대답하는 폭풍의 사춘기 소녀가 되었답니다. 그래서 가끔 어릴 때 그 아기가 그립기도 해요. 그래서 아이의 아기 때 사진을 보면서 '그래 같은 아이야, 내가 낳은 아이. 참자 그리고 더 사랑해 주자'라고 다짐한답니다.

아이의 사진이나 아이가 직접 찍은 사진들을 붙일 수 있는 사진선반은 추억을 회상할 수도 있고, 그 자체로도 아이에게 특별한 소품이 될 수 있어요. 앨범 속에만 있던 아이의 사진을 꺼내 딱딱하고 정형화된 액자 말고 사진선반에 붙이면 참 따뜻한 느낌이 가득해진답니다.

콘솔 위, 또는 피아노 위에 선반을 만들어 놓고 소품이나 사진 등을 올려놓으면 더욱 소녀방 같은 분위기가 난답니다. 잃어버리거나 굴러다니기 쉬운 헤드폰 등도 걸어주고, 아이가 여행하고 싶은 여행지의 엽서 등을 붙여 꼭 가보겠다는 여행의 꿈을 가지게 해 주는 것도 좋아요. 반제품으로 간단히 만들 수 있는 사진선반으로 빈 벽에 추억을 장식해 보세요.

1. 반제품이 완제품으로 나오므로 조립은 필요없고 부드럽게 사포질
   을 해준다.
2. 내추럴한 분위기를 내기 위해 전체적으로 스테인(던-에드워드
   수성스테인 라이트오크)을 칠한다.

3. 구석에 스텐실 등을 찍어 장식하고 바니쉬를 발라서 전체적으로 마감한다.

 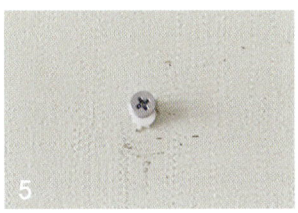

4. 벽에 드릴로 구멍을 뚫고 앙카를 집어넣는다.
5. 앙카 속으로 나사못을 드라이버로 돌려 박아 넣는다(콘크리트의 경우
   반드시 이 과정을 거쳐야 나사가 헛돌거나 선반이 떨어지지 않는다).

6. 못에 선반을 달아준다.

* 남자 아이방

어둡고 유행이 지난 가구를 아이방 가구로

　셀프 인테리어의 가장 큰 적은 비용도, 실력도 아니랍니다. 진정 큰 적은 바로 내부의 적, 집안에 뒤섞여 있는 가구들이지요. 셀프 인테리어 초창기에 가장 손을 댈 수 없었던 곳이 바로 아들방이었습니다. 이게 말이 아들방이지 아이가구와 남편가구가 뒤섞여 정리는 엄두도 낼 수 없었어요. 자기 물건에 손대는 걸 싫어하는 남편의 그냥 놔두라는 말에 그냥 이 작은 방은 포기하고 있었지요. 방 한 편을 가득 차지하는 벙커침대에는 아이의 책과 장난감이 뒤섞여서 거의 창고나 다름없었어요. 그 상태로 방을 쓰던 남편이 이사 온 지 일 년 정도 되던 즈음 드디어! 벙커침대가 방을 너무 차지하고 있어 어둡고 불편하다는 사실을 실토했답니다.

　'지금이 기회다'란 생각에 서둘러 벙커침대를 분해해서 버리는 것을 시작으로 방 전체 리폼에 착수했어요. 마침 겨울이 다가오던 11월에 시작했던 아들방 리폼은 고생을 꽤나 한 작업이에요. 페인트가 잘 마르지 않았고, 냄새 때문에 추운데도 하루 종일 창문을 열어놓고 작업해야 했답니다. 그래도 저렴한 비용으로 아이방다운 아이방을 만들었다는 뿌듯함을 가득 안겨준 셀프 인테리어예요

옷장 리폼

남편이 쓰던 옷장은 어두운 월넛색에 하이그로시 재질로 된 다소 유행이 지난 가구였어요. 어떻게 하면 아이방에 어울리는 옷장으로 리폼할 수 있을까 많은 고민을 했답니다. 페인트칠과 몇 가지 간단한 장식만으로 깔끔하면서도 아이의 밝음이 묻어나는 옷장을 만들어 봤어요

before **after**

1. 옷장 가운데 긴 철제 손잡이와 서랍 손잡이를 떼어내고 옷장 몸체에 전체적으로 젯소를 2~3회 정도 칠한다.
2. 흰색 페인트를 발라주고 페인트가 다 마르면 가볍게 사포질해 표면을 고르게 한다.
3. 떼어낸 긴 철제 손잡이에 은색 스프레이를 뿌리고 마르면 나사못을 이용해 문에 붙인다. 네모난 네임텍과 캐비넷텍도 문에 붙여준다.

4. 아이방에 어울리는 스텐실을 찍어주고 스티커를 붙여 포인트를 준다.

책장 리폼

사실 책장 안쪽까지 페인트를 칠해 리폼하는 것은 힘들기도 하고 쉽지 않은 일이에요. 책을 넣다 뺐다 자주하면 페인트가 벗겨질 수도 있고요. 책을 꺼내지 않고도 간편하게 보기 싫은 어두운 월넛색 책장을 고급스러운 느낌의 책장으로 변신시키는 아주 간단한 비법을 소개해 드릴게요. 책장 앞면 라인만 밝은 색 페인트로 쓱쓱 칠해주면 투톤 느낌의 고급스러운 책장을 가질 수 있어요. 책장 위에 방색과 어울리는 종이박스를 올리면, 수납공간도 늘어나면서 인테리어 장식 효과도 얻을 수 있답니다.

after

before

1. 책장 안쪽에 페인트가 묻지 않도록 페인트를 칠할 부분 안쪽에 꼼꼼히 마스킹 테이프를 붙인다.
2. 젯소칠한 후 흰색 페인트를 두세 번 이상 칠한다. 칠하는 표면이 좁으므로 얇은 붓을 사용해 꼼꼼히 작업한다.
3. 페인트가 마르면 마스킹 테이프를 떼어낸다.

앞에서도 말했지만 수납은 주부의 최대 과제이자 관심사예요. 완구, 책, 미술용품 등 짐이 많은 아이의 방은 늘 어질러져 있어서 엄마의 혈압을 올리는데 한몫한답니다.

그럴 때는 심호흡을 한번 하고 청소를 시작하지만, 방은 다시 어질러지고 말죠. 결국 정답은 그 많은 짐들의 집, 즉 수납공간을 만들어주는 겁니다. 요즘 나오는 침대들 중에는 아래에 서랍이 달려 있는 수납침대가 많지만 저처럼 서랍이 없는 일반 침대를 쓰는 경우라면 침대 밑 공간 사이즈에 맞게 직접 서랍을 만들어서 넣어주면 됩니다. 비용과 공간을 들여 따로 수납가구를 놓지 않아도 자질구레한 것들의 집을 찾아주면서, 아이에게 스스로 정리하는 습관을 만들어 줄 수 있는 아이템이에요. 침대 밑 먼지 청소도 한결 수월해진답니다.

1. 침대 아래 공간의 치수(가로×세로×높이)를 재고,
   잰 치수에서 2~3cm씩 줄여 재단주문한다
   (직접 목재를 치수에 맞춰 잘라주어도 좋다).

서랍의 높이를 잴 때는 아래에 바퀴가 들어갈 높이까지
고려해 치수를 재야 해요.

2. 목공본드와 나사못을 이용해 나무를 ㄴ→ ㄷ→ㅁ모양으로 조립한다.

3. 서랍의 바닥이 될 목재를 덮고 나사못을 박는다.
4. 작고 얇은 바퀴를 좌우 2개씩 총 4개를 달아준다.

5. 서랍을 침대 아래로 밀어 넣어서 걸리는 부분 없이 부드럽게 밀리는지 확인한다.
6. 서랍 앞판을 원하는 색의 페인트로 칠해 포인트를 준다.

7. 페인트가 마르면 손잡이를 달아준다.

 재료 및 구입처

던-에드워드 페인트 DE 5845 americana(나무와사람들), 손잡이 4개(THE DIY)

03 완구(교구)장 만들기

아이의 꿈을 키워주는 완구장

남자아이의 방에는 책장만 필요한 게 아니더군요. 더 중요한 건 항상 넘쳐나는 장난감들을 어떻게 처리할지 생각하는 것이더라고요. 더구나 버려도 되는 자잘한 장난감들이라면 모르겠지만, 특별한 날 친척들에게 선물 받은 완구나 아이가 너무 갖고 싶어서 직접 용돈을 모아 산 비싼 완구라면 그 대우가 달라져야겠지요.

특히 남자아이들에게 자동차란 로망이고 꿈이죠. 그런데 차곡차곡 모으기 시작한 자동차들이 넘쳐 여기저기 길을 잃고, 결국 집 바닥을 방황하는 상황이 생기기 마련이에요. 그러다 차에 받히기라도 하는 날에는 누구는 아파서, 누구는 아까워서 대성통곡을 하게 될 거 같더군요. 때문에 서둘러 책장을 개조해서 아이의 완구장을 만들었답니다.

저는 반제품 책장을 사서 개조를 했지만 집에 남는 책장이 있다면 책장 사이에 선반 한두 개 더 끼워서 만들어주셔도 좋아요. 저희 아이가 좋아하는 완구는 자동차여서 자동차의 높이를 재 선반을 질러주었는데 혹시 아이가 좋아하는 완구가 가벼나, 레고상자 같은 경우라면 그 상자 높이에 맞게 조절해서 질러주시면 됩니다. 아들방에 포인트가 되는 멋진 인테리어 가구인 완구장은 아이 스스로 정리하는 습관을 길러주는 데도 좋아요.

아 참, 저는 아들방이 좁은 관계로 좁고 긴 책장 반제품을 준비해서 만들었답니다. 집에 있는 책장을 리폼하고 싶으신 분들은 7번 이후 나오는 선반 끼우기 과정을 참고해 주세요.

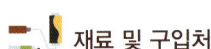 **재료 및 구입처**

5단 책장(THE DIY), 사이 선반(목재재단), 던-에드워드 페인트 우드스테인 미디엄오크(나무와사람들)

250

1. 반제품 책장을 준비한다.
2. 튼튼한 조립을 위하여 목공본드를 먼저 바른다.

3. 본드를 바른 선반에 나사못을 박아 하나씩 연결한다.
   먼저 책장 선반과 세로 지지대의 한쪽만 차례로 조립한다.

4. 한쪽을 다 연결하면 사진과 같이 눕힌다.
5. 눕힌 책장 위에 책장 옆면이 될 나무를 올리고 마찬가지로 선반에 나사못을 박아 조립한다.

6. 튼튼하게 결합되도록 중간에도 빠짐없이 나사못을 박는다.
7. 자연스러운 나무결을 살리기 위해 우드스테인을 책장에 전체적으로 발라준다.

8. 책장 선반의 치수(가로×세로)를 재어 사이에 질러줄 나무를 준비한다(나무 두께나 종류는 기존 책장과 같은 것으로 하면 좋다).

9. 준비한 선반이 될 나무에도 기존 책장과 같은 색의 스테인을 칠한다.

10. 책장의 선반과 선반 사이의 길이를 재어 가운데 새로운 선반이 들어갈 위치를 연필로 표시한다.

11. 연필로 표시한 자리에 선반을 넣고 드릴로 구멍을 뚫은 후, 나사못을 박아 새로운 선반을 결합한다.

12. 하나씩 선반을 더 질러줌으로써 기존 책장보다 2배 많은 수납공간을 가진 선반을 얻을 수 있다.

의자와 수납, 인테리어까지 한번에

아이방 가구 만들기에서 제가 제일 중점을 두는 부분은 정리와 수납입니다. 넘쳐나는 아이들 짐을 최대한 보기 좋고 편리하게 수납하는 것, 그것은 아이를 키우면서도 예쁜 인테리어로 꾸민 집을 만들고 싶어 하는 엄마들의 최우선 과제랍니다. 그래서 무조건 침대도 아랫부분에 수납이 되는 형태로, 의자 하나를 만들어도 수납이 동시에 가능한 수납의자 형태로 만들지요.

너무 과한 거 아니냐고요? 아들방에 들어가다가 가득 널브러져 있는 장난감이나 레고조각을 밟아본 경험이 있는 주부라면, 그 찌릿함을 느껴본 주부라면! 절대 과한 게 아니라는 걸 아실 거예요.

드럼통 의자는 아이방 가구를 주제로 한 인테리어 화보에도 자주 등장하고, 인터넷 사이트에서 꽤 비싼 값에 팔리고 있는 아이템이에요. 최소한의 저렴한 비용만으로 의자와 수납, 인테리어까지 한번에 해결하는 멋진 드럼통 수납의자입니다.

재료 및 구입처
드럼통(인터넷 검색), 던-에드워드 페인트 DE 5342, 던-에드워드 페인트 우드스테인 미디엄 오크(나무와사람들)

1. 인터넷 쇼핑몰에서 이만 원 정도에 판매되는 드럼통 의자를 준비해서 겉과 속을 깨끗이 닦아준다.
2. 뚜껑을 열고 뒤집어서 철판 뚜껑과 의자의 스펀지 부분을 고정하고 있는 나사못을 드라이버로 풀어준다.

뚜껑부분

3. 분리된 방석은 버리고 떼어낸 뚜껑에 큰 종이를 대고 원 모양을 따라 그린 후 오린다(달력종이도 괜찮고, 종이 두 장을 붙여서 그려도 된다).

4. 원모양으로 오린 종이를 자투리 나무에 대고 연필로 선을 긋는다(원의 지름을 재서 재단주문을 해도 된다).
5. 직소기로 천천히 연필선을 따라 잘라준 후 가볍게 사포질해 나무의 가장자리를 다듬어준다.

6. 사포질한 원목을 기존 의자 뚜껑과 대어 보아 크기가 맞는지 확인한다(방석이 붙어있던 뚜껑 윗부분에 들어갈 것이므로 약간 작게 잘라도 상관없다).
7. 사포질한 원목에 스테인을 칠한다.

8. 드럼통은 양철이라 페인트가 잘 발리지 않을 수 있으므로 반드시 젯소를 미리 두세 번 정도 꼼꼼히 바른다.

9. 젯소가 완전히 마르면 원하는 색의 페인트를 칠한다. 이때도 역시 바르고 말리는 과정을 서너 번 정도 반복하여 원하는 색이 나올 때까지 칠한다.

10. 페인트가 다 마르면 방석이 붙어있던 뚜껑 윗부분에 원목을 놓은 후, 그대로 뚜껑을 뒤집어 나사못을 박아 뚜껑과 원목을 결합시킨다.

11. 원목 뚜껑에 레터링지를 대고 아이방에 어울리는 장난스러운 문구를 새긴다.

12. 드럼통에 어울리는 라벨도 오려 붙이고 스텐실로 글자도 새겨 장식한다.

05 유니언잭 책상 만들기

　영국 국기인 유니언잭 문양은 이미지가 화려하고 아름다워 인테리어 가구에 많이 쓰여요. 인테리어에 관심 있는 주부라면 아들 방에 유니언잭 양털 담요 하나쯤은 펴주는 센스를 발휘하기도 했을 텐데요. 어린 나이부터 다른 나라의 국기와 문화를 접해본 아이가 커서도 세계 지리나 문화에 대한 호기심과 관심, 이해도가 높다고 해요.

원래 유니언잭은 바탕이 흰색이지만, 자연스러운 원목색을 살리고 다른 가구들과의 조화를 위해 바탕을 오크색으로 칠해 봤어요. 침대 옆에 작은 사이즈로 만들어서 협탁, 독서책상 또는 레고조립 등 장난감 놀이대로도 활용할 수 있답니다. 기본 테이블 만들기 과정이라서 익혀두면 응용해 다양한 사이즈의 테이블을 만들 수 있어요. 유니언잭 문양 그리기가 조금 까다로울 수도 있지만 차근차근 하다보면 평범한 책상 테이블이 멋진 빈티지 테이블로 변신한답니다.

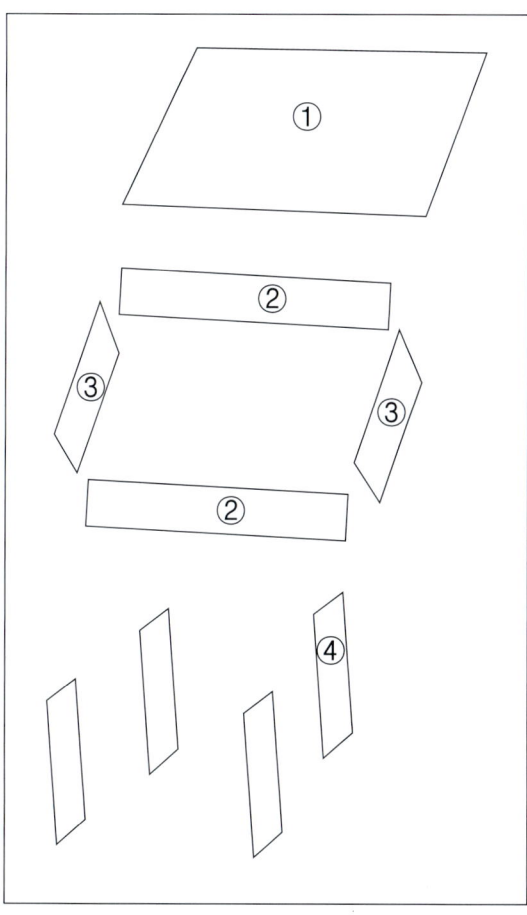

① 상판 뉴송 18mm, 800×600mm
② 가로 지지대(총 2개) 뉴송 18mm, 700×100mm
③ 세로 지지대(총 2개) 뉴송 18mm, 550×100mm
④ ㄱ자 일자다리(총 4개) 800mm

1. 원하는 치수의 상판과 상판 아래 가로·세로 지지대가 될 폭이 좁은 패널 그리고 ㄱ자 일자다리를 재단주문해 준비한다.
2. 지지대가 될 패널의 긴 쪽에 드릴로 나사못 구멍을 낸다(이중기리 작업).

3. 이중기리 작업을 해 준 곳에 나사못을 박아 ㅁ자 모양의 책상 지지대를 만든다.

4. 책상 지지대의 모서리에 ㄱ자 다리를 목공본드로 붙인다.

5. 책상 지지대와 다리를 클램프 등으로 꽉 조여준 후 안쪽에서 나사못을 박아 고정한다(나사못이 바깥쪽 책상 다리 깊숙이까지 박힐 수 있도록 비스듬히 박아준다).

6. 상판이 올라갈 자리에 목공본드를 바른다.
7. 네 귀퉁이에 잘 맞춰 테이블 상판을 올려준 후, 상판 위에서 테이블 다리를 향해 드릴로 이중기리 작업을 해주고 나사못을 박는다(상판에 나사자국이 싫다면 그 위에 목심을 박거나 메꾸미로 메워준다).

유니언잭 그리기

1. 빈티지한 느낌의 테이블을 만들기 위해 약간 진한 오크색 스테인을 미리 책상에 발라둔다.
2. 유니언잭 문양을 책상 사이즈의 1/10 치수로 출력하고 출력한 프린트 각 부분의 사이즈를 잰다.
  (예를 들어 800×600mm 크기의 책상이라면 80×60mm 크기로 출력한다).
3. 2의 프린트 치수에 각각 10을 곱해 책상 위에 연필로 표시한다.

4. 유니언잭의 빨간색과 파란색이 칠해질 선의 바깥부분에 마스킹 테이프를 붙인다.
5. 가운데 부분이 십자 모양이 되도록 커터칼을 이용해 마스킹 테이프를 떼어낸다(이때 너무 세게 그으면 책상에 칼집이 날 수도 있으므로 조심한다).

6. 먼저 중앙과 양쪽 옆에 빨간색 페인트를 칠하고 남은 부분에 파랑색 페인트를 칠한다.

7. 페인트가 다 마르면 마스킹 테이프를 떼어낸다.
8. 혹시 선이 약간 바르지 못하거나 바탕의 원목색이 연해진 부분이 있으면 오크색 스테인을 부분적으로 발라 정리한다.

9. 나뭇결과 페인트의 거친 부분들을 고운 사포(400방 정도)나 샌딩기를 이용해 정리한다.
10. 책상은 오염이 잘 되는 곳이므로 꼭 바니쉬 등 마감제를 두세 번 바른다.

세계지도는 그 어떤 비싼 액자나 인테리어 소품보다 아이방에 어울리는 아이템이에요. 아이방에 세계지도를 걸어놓으면 아이가 궁금할 때마다 스스로 지도를 찾아본답니다. 자연스럽게 스스로 학습하는 습관이 길러지고 세계는 넓다는 사실을 알게 되지요. 세계지도 하나로 꿈을 키워주고 응원해주는 엄마가 되어 보세요.

같은 스테인 색상으로 칠해준 사각선반을 세계지도 옆에 달아주면 멋스런 북유럽 스타일이 완성돼요. 책이나 아이 장난감 등을 수납하는 수납장이기도 하지만 그 자체로도 훌륭한 벽장식이랍니다.

세계지도 액자 만들기

1. 먼저 아이방 벽 적당한 위치에 세계지도를 붙인다(지도 스티커벽지도 괜찮고, 일반 문구점에 파는 큰 세계지도도 좋다).
2. 지도크기(가로×세로)에 맞게 얇은 나무패널을 준비하고 스테인을 칠한다.
3. 먼저 가로로 패널을 붙인다. 콘크리트벽일 때는 접착제(목공본드)를 사용하고 석고보드벽인 경우에는 타카나 못을 써서 붙인다.

만약 벽지가 손상되는 것이 싫다면 얇은 합판에 지도를 붙인 다음 2~4의 과정을 따라 작업한다.

4. 세로패널도 가로패널과 동일하게 벽에 붙인다.

사각선반 만들기

1. 반제품 사각선반이나 반제품 공간박스에 전체적으로 스테인을 바른다.
2. 사각선반 안쪽에 스텐실 장식을 해준다(아이의 생일이나 나이 등 의미 있는 숫자나 이름의 이니셜 등을 찍어주면 특별한 의미가 담긴 특별한 선반이 된다).
3. 벽에 못을 박고 선반 한쪽을 건다.

4. 수평계를 올리고 수평을 맞추어 나머지 한쪽도 못을 박아서 건다.
5. 책이나 아이가 좋아하는 장난감 등을 올려주면 완성이다.

자연스럽게 독서습관을 길러주는 책장

　책을 눈에 띄는 곳에 두면 책을 잘 안 읽는 아이도 어느새 책에 관심을 가지게 된답니다. 마치 서점 진열대에 잘 보이게 놓인 잡지들이 더 잘 팔리는 것과 같은 효과라고 할까요? 특히 아이책상 옆에 책장을 만들어두면, 아이가 자연스럽게 책을 꺼내 책상에서 읽을 수 있어요. 인테리어와 실용성을 한번에 모두 잡을 수 있는 좋은 방법이지요.

오픈 책장은 책표지가 잘 보이기 때문에 아이의 책에 대한 관심과 흥미를 높여준답니다. 매달 보는 과학 잡지책 등을 번갈아 꽂아 놓으면 아이의 독서습관을 더욱 효과적으로 길러줄 수 있어요.

■ 재료 및 구입처

오픈 책장 반제품(THE DIY), 던-에드워드
우드스테인 미디엄오크(나무와사람들)

 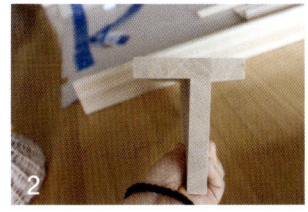 

1. 반제품 오픈 책장을 준비한다.

2. 먼저 책장 맨 아래에 들어갈 T자 모양의 선반을 준비한다.

3. 2의 선반을 책장 세로지지대 사이에 클램프로 꽉 조인 후 나사못을 박는다.

4. 나사못을 중간선반에 차례대로 박아주고, 선반 사이에 책이 쓰러지지 않도록 지지해 줄 목봉도 조립한다.

5. 중간선반과 목봉을 다 조립한 후, 책장 맨 위쪽 상판부분 안쪽에서
   바깥쪽으로 나사못을 박는다.

6. 뒤판을 붙일 부분을 위로 하여 조립한 책장을 놓는다.
   전체적으로 가볍게 사포질을 해 모서리부분을 부드럽게 한다.

7. 책장 몸체에 스테인을 전체적으로 골고루 바른다.
8. 책장 뒤판이 될 얇은 패널에도 같은 색의 스테인을 골고루 펴 바른다.

9. 별모양을 프린트해서 스텐실 도안을 만든다.
10. 뒤판이 될 패널에 별모양을 아크릴 물감으로 찍는다
　　(책장 몸체에 붙였을 때 모양을 생각하면서 작업한다).

11. 별 스텐실은 일렬로 나란히 찍어도 좋고 약간 교차되게 찍어도 좋다.
12. 책장 몸체에 뒤판을 타카나 못을 사용해 붙인다.

13. 문양이 제대로 붙여지고 있는지를 확인하면서 뒤판 패널을 한 장씩 붙인다.
14. 마지막으로 바니쉬를 발라 전체적으로 가구 표면을 코팅한다.

* 현 관

00 집의 첫 인상, 현관

많은 인테리어 전문가들, 심지어 풍수지리학자들도 현관 인테리어는 집의 첫인 상이므로 대단히 중요한 부분이라고 말합니다. 아름답고 잘 정돈된 현관은 인테 리어의 시작이랍니다. 또 깔끔한 현관은 복을 불러들이고 가족의 운을 좋게 한다 는 이야기도 있지요. 복을 불러온다니, 참 기분 좋은 이야기죠?

대부분의 우리나라 집들은 현관부터 거실, 주방까지 이어져 있는 구조이기 때문에, 현관의 기본색감과 느낌이 그 이후 거실, 주방의 분위기로 이어진답니다. 그래서 현관을 셀프 인테리어 하면서 상당히 신경을 많이 썼어요. 빛이 들지 않고 좁은 현관을 어떻게 하면 환하면서도 아름답게 보일 수 있을까 고민한 끝에 크림색을 베이스로, 초록색을 포인트색으로 선택했답니다. 저희 집을 찾아오는 손님들은 모두 현관을 들어서며 기분 좋은 말씀들을 한마디씩 해주세요.

"카페 입구같이 이쁘다."
"현관에서 커피 마셔도 되겠는걸"

무엇보다 잠시 들르는 사람들조차 어디서 인테리어를 했느냐고 물어볼 때는 고민한 만큼 싱그럽고 편안한 느낌의 현관이 탄생한 것 같아 뿌듯하기도 했어요. 그렇지만 현관 신발장, 현관문 그리고 선반과 소품 등에 든 비용은 정말 저렴하답니다.

01 현관 신발장 리폼

건망증이 심한 저와 제 식구들. 매번 외출하면서 하나씩 물건을 놓고 나가기가 일쑤였어요. 또 제가 잠시 나가 있는 사이 아이들이 돌아왔을 때, 서로에게 전할 메모를 써두기 좋은 칠판도 하나 만들고 싶었답니다. 굳이 칠판보드를 따로 만들지 않아도 길쭉해서 멋없는 현관 신발장에 칠판 페인트를 칠하고 패널을 둘러주어 칠판으로 활용하면, 인테리어 효과도 있고 실용성도 있겠다라는 생각이 들었죠. 요즘은 칠판 페인트도 색이 다양하게 잘 나와 있답니다. 그 중 저는 화분이나 다른 소품과 잘 어울리는 초록색 칠판 페인트를 선택해서 밋밋한 신발장을 싱그럽게 변신시켜 봤어요.

before  after

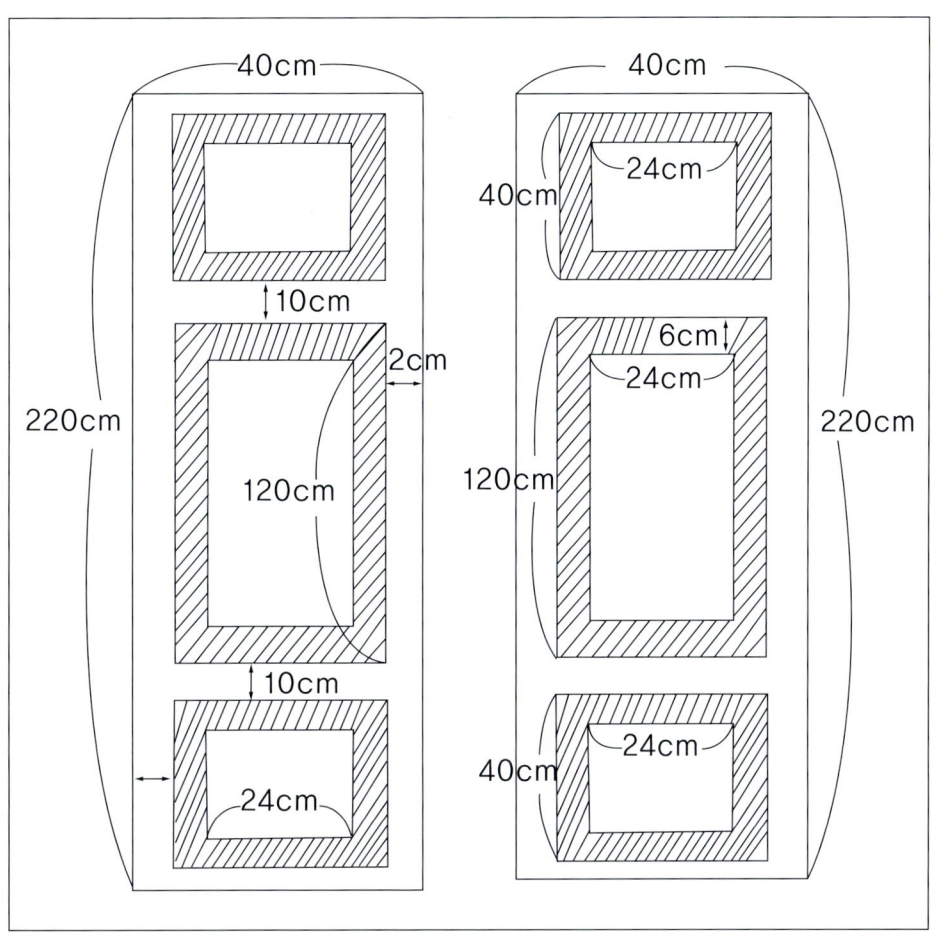

재료 및 구입처

미송 패널[폭 6cm, 길이 120cm, 두께 7.5T] 10개(중앙데코 시트라인),
던-에드워드 칠판 페인트 그린색(나무와사람들),
뽀로로 페인트 크림색(대형 마트), 손잡이 4개(다이소)

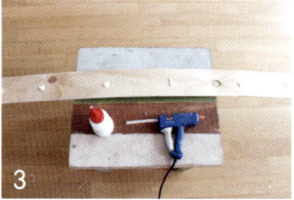

1. 문의 가로, 세로 치수를 재고 종이에 몰딩이 들어갈 자리를 그린다. 자와 연필을 이용해서 현관에 도안을 표시한다.
2. 미송패널(폭 6cm, 두께 7.5T)을 주문해서 크기에 맞게 자른다(인터넷 구매처에서 미리 잘라진 패널을 주문하면 톱질하는 번거로움을 줄일 수 있지만, 패널을 붙일 때 오차가 날 수도 있다).
3. 미송패널을 전기 타카로 붙인다. 타카가 없다면 목공본드를 바르고 사이사이에 글루건을 쏜 후 곧바로 패널을 붙인다.

순간접착제 역할을 하는 글루건은 빨리 굳기 때문에 패널을 바로 붙여야 해요.

4. 패널을 붙일 때 가장자리에 너무 딱 맞게 붙이면 패널에 걸려 문이 열리지 않는 불상사가 발생할 수 있으므로, 문의 두께(보통 2cm 정도)만큼 띄워서 패널을 붙인다.

5. 스펀지를 이용해 칠판 페인트를 칠한다. 세로로 얇게 칠하고 마르면 300방 사포로 표면을 고르게 해준 뒤, 가로로 한 번 더 칠한다. 이 과정을 서너 번 정도 반복한다.

6. 페인트를 칠하고 하루 정도 말린 후, 문이 열리는 부분에 도안대로 자른 패널을 길게 붙인다.
7. 아래 부분에 위쪽과 같은 크기의 패널을 사각형으로 둘러준다.

8. 페인트가 묻으면 안 되는 주변 물건들을 다 떼서 제거하고, 칠판 부분에 페인트가 묻지 않도록 마스킹 테이프를 둘러 준 다음 나머지 전체를 크림색으로 칠한다.
9. 손잡이를 달아준다.

손잡이는 긴 나사못과 손잡이 등의 부속으로 이루어져 있다.

1. 손잡이를 달고자 하는 부분에 드릴로 구멍을 뚫는다.
2. 긴 나사못을 문의 뒤쪽에서 앞쪽을 향해 박는다.
3. 튀어나온 나사못에 손잡이 부속을 끼운다.
4. 같은 방법으로 나머지 한쪽 손잡이도 달아준다.

02 현관문 리폼

밋밋한 철문인 현관문은 어떻게 리폼할까 고민하다가 신발장을 리폼하고 남은 재료들로 작업하면, 비용도 절약하면서 세트처럼 통일감도 줄 수 있겠다 싶어서 같은 톤에 같은 디자인으로 리폼해 봤어요. 현관문에는 넓적한 패널보다는 얇은 몰딩이 더 예쁠 것 같아서 DIY 사이트에서 세일할 때 사둔 몰딩을 붙이고 페인트를 칠해 마무리했답니다. 글씨를 써서 데코할 수도 있고, 계절에 따라 어울리는 리스를 달면 포근하고 따스한 분위기를 연출할 수 있어요.

before **after**

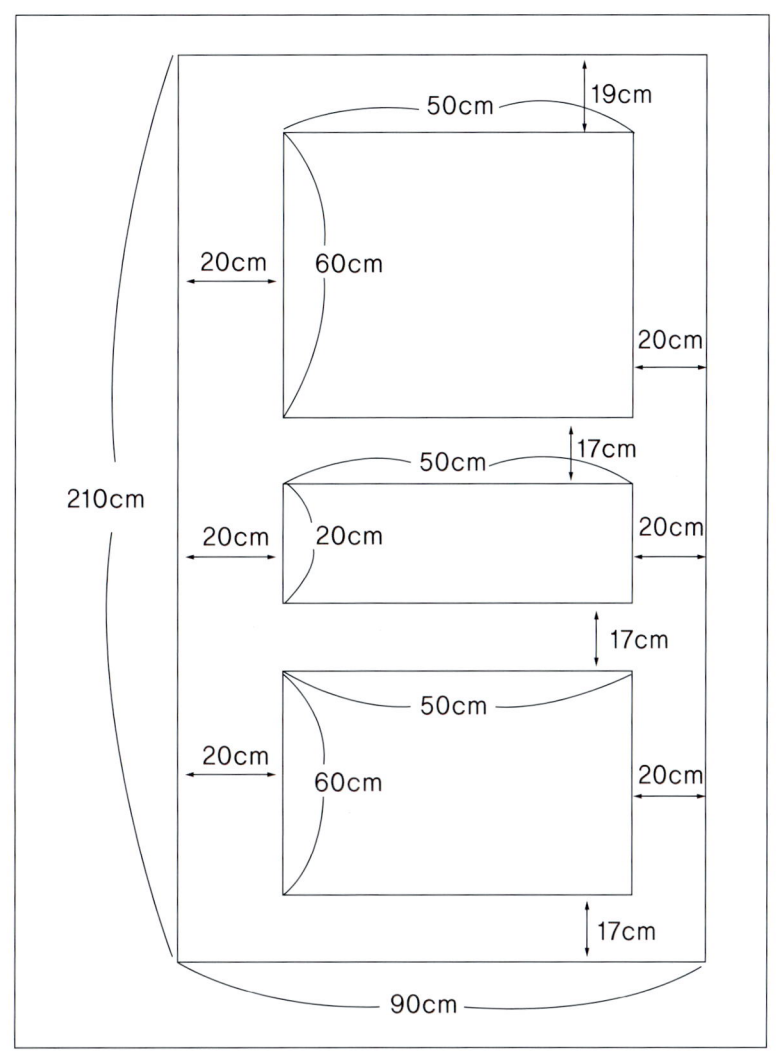

몰딩 10개(중앙데코 시트라인), 삼화 아이생각 수성 프라이머 · 삼화 아이생각 바니쉬 · 뽀로로 페인트 크림색(대형마트), 던-에드워드 칠판 페인트 그린색(나무와사람들)

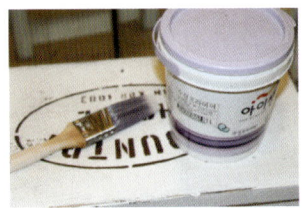

1. 현관문의 가로, 세로 치수를 잰 후 종이에 몰딩이 들어갈 자리를 그리고, 자와 연필을 이용해서 현관에 도안을 표시한다.
2. 페인트가 묻을 수 있는 도어락과 철물들을 커버링 테이프로 다 감싼 후 투명 프라이머를 칠한다(프라이머는 철문에 페인트가 잘 발리고 나중에 벗겨지지 않도록 해준다).

3. 몰딩을 각도 톱질대와 톱을 이용하여 자른다. 이때 네 귀퉁이가 될 몰딩의 끝부분을 45°로 잘라주면 더 완성도 높은 몰딩을 할 수 있다.
4. 목공본드를 바르고 사이사이에 글루건을 쏜 후, 글루건이 굳기 전에 곧바로 몰딩을 붙인다.
5. 철문이라 잘 안 붙을 수도 있으므로 마스킹 테이프로 고정한다. 목공 본드가 굳을 때까지 하루 정도 놔둔다.

  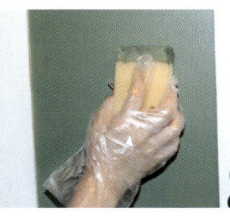

6. 몰딩이 단단히 붙었으면 마스킹 테이프를 떼어내고 원하는 색의 페인트를 칠한다.

7. 몰딩 안쪽에 칠판 페인트를 칠한다. 현관 신발장 때와 마찬가지로 스펀지로 얇게 바르고 말리고 사포
질하는 과정을 두세 번 정도 반복한다. 반나절에서 하루 정도 잘 말려준다.

8. 칠판면 가장자리에 마스킹 테이프를 두르고 몰딩과 그 주변을 다시 흰색으로 칠해 가장자리 부분을 깔끔
하게 정리한다.

9. 현관문은 손과 발이 많이 닿아 오염되기 쉬우므로, 칠판 부분을
제외한 흰색부분 전체에 바니쉬(표면 코팅제)를 두세 번 칠해 마무리한다.

헌 공간박스를 이용한 신발 선반 만들기

아무리 신발장에 신발을 다 집어넣어도 항상 현관에는 한두 켤레 정도의 여벌 신발이 나와 있어요. 마침 오래됐지만 필름지가 입혀진 공간박스 책장이 있어서 간이 신발 선반으로 리폼했는데, 신발 수납은 물론 버려진 구석 공간 활용과 인테리어 효과를 한 번에 잡을 수 있는 아주 좋은 인테리어 아이템이 되었답니다. 자주 신는 신발을 신발장 문을 여는 번거로움 없이 간편하게 정리할 수 있고, 남은 페인트와 헌 공간박스를 이용해 만들어서 재료비가 0원인 알뜰 신발 선반이에요.

1. 헌 공간박스 책장과 버려진 가구다리, 그리고 리폼하고 남은 페인트(또는 칠판 페인트)를 준비한다.
2. 공간박스 책장 안쪽 가장자리에 마스킹 테이프를 둘러준다.
3. 신발 밑창이 닿아 더럽혀지기 쉬운 안쪽 부분은 시트지가 오염에 강하므로 그대로 두고, 공간 박스 바깥 부분에만 얇게 두세 번 정도 페인트를 칠한다.

4. 가구다리에도 같은 색 페인트를 칠한다.
5. 드릴로 바닥 부분에 다리를 달 구멍을 뚫는다.
6. 뚫어준 구멍에 다리를 돌려서 끼운다.

만약 가구다리에 나사못이 박혀있지 않다면, 일반 나사못을 공간박스 안에서 아래 가구다리 쪽으로 드라이버를 이용해 고정해 주세요.

7. 신발 선반 윗면에 마스킹 테이프로 스텐실 도안을 붙인다.
8. 흰색 아크릴 물감(또는 흰색 페인트)을 스텐실 붓에 묻혀서 도안 위에 콕콕 찍는다(이때 물은 사용하지 않는다).

9. 마른 후 스텐실 도안을 잘 떼어내고 오염을 방지하기 위해 바니쉬를 바른다.

10. 액상 타입의 바니쉬는 잘 흘러내리므로 뭉치지 않게 위아래로 잘 바른다.

페인트는 오프너로 따도 되지만 오프너가 없다면, 망치 뒤 못뽑이 부분을 이용한다. 쓰고 난 페인트는 뚜껑을 꼭 닫고 망치로 가볍게 쳐서 잘 밀봉해 두어야 굳지 않는다.

04 현관 복도벽 리폼

복도벽 페인팅하기와 루바 붙이기

저희집은 현관부터 거실까지 오는 복도가 긴 타워형 아파트예요.
언제나 현관문을 열면 바로 거실이 나오는 판상형 아파트에 살던 저는 복도가 긴 집에 대한 로망이 있었지요. 예전 해외영화에 나오던 복도가 긴 집이 주는 느낌에 대한 로망이랄까요? 그런데 처음 이사 온 저희집 복도는 온통 나무색 필름지와 오래된 듯한 느낌의 벽지가 발라져 있어 약간 어둡고 지루했어요.

지루하고 평범한 느낌의 복도가 아니라 들어서면 뭔가 분위기 있고 깔끔해서 집에 대한 기대감을 갖게 하는 현관 복도, 그 근사한 현관 복도를 따라 들어가면 영화 같은 거실을 만날 것 같은 기대감을 주는 아름다운 복도에 대한 로망은 커져만 갔답니다. 집의 얼굴인 현관과 현관 복도가 아름다우면 그만큼 집의 인상이 좋아지고 운도 좋아진다는 이야기도 있으니, 지루하고 평범해 보이는 복도를 바꾸어 보자고 마음먹었지요. 큰 공간의 벽지를 뜯어내고 완전히 다시 시공하는 대작업이었답니다.
이 작업은 현관이 아니더라도 거실이나 주방 등 큰 공간의 벽지를 뜯어내고 완전히 다시 셀프 인테리어를 할 때 응용할 수 있어요. 신혼집이나 새집을 꾸미실 때 참고해 보세요.

재료 및 구입처
삼나무 루바(THE DIY),
던-에드워드 페인트 화이트
DEW 344(나무와사람들)

1. 시트지로 된 문틀과 몰딩 부분에 젯소를 바른다.
2. 페인트가 묻으면 안 되는 곳에 마스킹 테이프를 붙인다.
   젯소가 마르면 그 위에 페인트를 칠하고 말리는 과정을 서너 번 정도 반복한다
   (원래 필름지색이 비치지 않을 때까지 칠한다).

3. 벽에 붙어있는 패널과 벽지 등을 떼어낸다(벽지 같은 경우 커터칼 등으로 그어가면서 찢으면 쉽게 찢어진다).
4. 시멘트벽이 드러나면 울퉁불퉁한 면은 사포로 다듬고, 먼지나 시멘트 가루 등을 정리한다.
5. 롤러나 붓 등으로 프렙코트 같은 시멘트벽 마감제(던-에드워드 페인트 프렙코트)를 벽면에 얇게 바른다.
   바로 루바를 붙여도 되지만 마감제를 바르면 벽면이 부스러져 가루가 떨어지는 것을 방지할 수 있다.

벽지를 떼어냈을 때 초배지가 있는 경우, 초배지를 제거한 후 작업하셔야 해요.

6. 시멘트벽에 큰 구멍이 있다면 프렙코트나 핸디코트같은 마감제를
   헤라로 떠서 메워준다.
7. 마감제가 하얗게 굳을 때까지 말린다(핸디코트를 몇 번 더 발라주
   면 빈티지한 회벽 느낌을 연출할 수 있다).

8. 루바 뒷면에 실리콘을 지그재그로 쏜다(글루건을 함께 사용할 때는 글루건이 마 르기 전에 얼른 붙인다).
9. 한 줄씩 차례대로 루바를 붙인다.

10. 본드가 굳을 때까지 무거운 벤치나 테이블 등으로 눌러 놓는다.
11. 스위치 부분은 길이를 잰 뒤 루바를 잘라서 붙인다(PART 1 좌충우 돌 셀프인테리어기 49쪽 참고).

12. 마지막에 약간의 공간이 남았을 때, 억지로 루바를 붙이려고 하지 말고 폭이 좁은 나무패널 등을 붙여 간단하게 마무리한다.
13. 바닥에 커버링 테이프를 깔고 루바에 페인트를 칠한다. 루바 틈새는 붓으로 칠하고 전체적으로는 롤 러를 사용해 칠한다.
14. 페인트를 두 번 정도 칠하면 빈티지한 느낌을 살릴 수 있고, 네 번 정도 칠하면 좀 더 깔끔하고 세련된 느낌을 줄 수 있다.

Sunny's Bonus

자투리 패널로 포인트 주기

모든 벽을 흰색으로 하면 심심할 수 있죠? 셀프 인테리어를 하다보면 생기는 길이가 각각인 자투리 패널들을 이용해 벽 하나에 포인트를 주면 좋아요. 자투리 목재들도 처리하면서 자연스러운 빈티지 벽을 얻을 수 있어요.

1. 나무패널에 짙은 색 스테인을 발라서 한 장씩 붙인다.

2. 길이가 제 각각인 패널을 전체 벽면에 이어 붙인다. 시멘트벽면 같은 경우는 실리콘으로, 석고보드나 나무재질의 벽은 타카나 무두못을 이용해 붙인다.

3. 스텐실로 빈티지벽을 장식한다.

올드해 보이는 필름지 방문, 앤틱하게 리폼하기

　방문 리폼은 참 쉬우면서도 어려운 셀프 인테리어 중의 하나입니다. 방문마다 똑같은 색으로 칠하면 공간의 차별성이 없어 보이고, 그렇다고 여러 가지 색으로 칠하면 알록달록해서 뭔가 유치해 보일 수 있지요.

게다가 저희 집 방문들은 하나같이 앞뒤가 똑같은 평면에, 무겁고 어두운 나무색 필름지가 입혀진 참 재미없게 생긴 문이었어요. 이웃집은 전문 인테리어 업체에서 전체적으로 싹 리모델링을 했는데 문에 금박 번쩍번쩍한 몰딩을 두르는 것이 다였답니다. 제 눈에는 비싼 가격에 비해 그게 문 따로, 몰딩 따로, 따로 국밥을 생각나게 할 만큼 안 어울리더라고요. 그래서 비싼 몰딩 말고 싼 패널로도 저렴하면서도 고급스런 느낌이 드는 문을 한번 만들어보자 생각했지요.

before

after

3. 잠금버튼을 돌려서 풀어준 후, 안쪽과 바깥쪽 손잡이를 빼낸다.

4. 문 사이에 있는 부품(래치 고정판)도 나사를 풀어 분리한다.

5. 가운데 동그란 버튼을 누른 상태에서 중앙에 쇠막대를 바깥쪽으로 빼낸다
   (손잡이의 구조[문을 여닫는 방식]에 따라 빼내는 방법은 다를 수 있다).

6. 마지막으로 가운데 부품(래치)을 빼낸다.
7. 새로운 잠금쇠의 래치 부품을 집어넣고 래치 고정판을 나사로 단단히 고정한다.

8. 교체할 새 손잡이를 양쪽으로 잘 맞물려 끼워준다(손잡이의 구조에 따라 조립방법 역시 다를 수 있다).
9. 나사못을 박아 고정해주고 잠금버튼을 돌려서 끼운다.

10. 문틀의 헌 캐치도 나사를 풀어서 분리한 후, 새 것으로 교체한다.

철물 활용

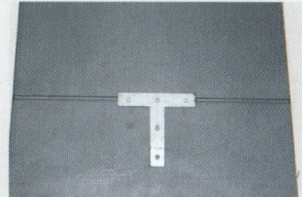

집에 굴러다니는 철물(경첩, 문고리 등)을 박아서 문을 장식하면 빈티지하고 독특한 느낌을 줄 수 있어요.

간편한 페인트 스프레이

간단하게 페인트 스프레이를 뿌려서 손잡이 색을 바꿀 수도 있어요. 페인트 스프레이는 잘 벗겨지지 않기 때문에 손잡이나 철물같이 접촉이 많은 곳에 쓰기 알맞습니다. 페인트 스프레이가 튈 수도 있으니 손잡이 주위를 마스킹 테이프로 잘 감싸주세요. 스프레이가 방문에 튀더라도 그 위를 페인트로 덮을 수 있기 때문에, 방문에 페인트를 칠하기 전에 작업하시면 좋아요.

06 콘솔 서랍장 만들기

우리집 현관을 갤러리로

집에 들어설 때 눈에 확 띄는 아트 갤러리같은 느낌을 원했습니다. 갤러리처럼 흰 벽에는 그림이 걸려있고 그 아래에는 콘솔이 놓여있는 그런 모습을 꿈꿨지요. 원래 콘솔은 장식적 효과도 있지만 가구라면 예쁘기만 하면 안 되겠죠?

그래서 수납공간이 넓은 실용적인 서랍장으로 만들어 보았습니다. 스크랩우드(페인트가 묻거나 낡고 흠집난 나무) 느낌이 나도록 서랍 앞에 페인트를 듬성듬성 칠하고, 손잡이도 세트로 맞추지 않고 제각각 다른 손잡이를 붙여 더 빈티지하면서도 레트로한 분위기를 살린 현관 콘솔 서랍장이에요.

1. 가구의 치수를 정한 뒤 재단주문한다.
2. 기본 틀을 만들기 위해 사각 모서리마다 드릴로 구멍을 뚫는다.

3. 목공본드를 바르고 나사못으로 조여 가며 ㄴ-ㄷ-ㅁ 모양의 틀을 만든다.

4. 앞에서 보았을 때 십자 모양으로 선반이 나누어지므로 먼저 세로로 긴 패널을 붙인다.
5. 가로로 끼울 패널에 연필로 4의 세로패널 두께를 표시하고 톱으로 양쪽을 잘라준다(십자따기).

6. 가운데 부분은 일자 조각도를 대고 망치로 톡톡 두드려 깔끔하게 떼어낸다.
7. 이렇게 ㄷ자모양으로 잘라진 홈을 4의 세로패널에 끼워 넣는다. 잘 들어가지 않으면 고무망치로 톡톡 쳐주고, 사진처럼 뒤집는다.

8. 가구 뒷면을 미송합판으로 막는다.

9. 각목에 미리 드릴로 나사못 구멍을 낸다.

10. 각목을 가구 몸통의 가로, 세로 사이즈와 같이 네모 모양으로 조립한다.

11. 네모틀의 각 모서리에 가구다리를 붙인다.

🖌 서랍

12. 서랍을 ㄴ—ㄷ—ㅁ 순서로 조립한다.

13. 밑판을 붙인다. 서랍은 무두못이나 타카를 이용해 간단하게 조립하면 된다.

14. 같은 방법으로 서랍을 네 개를 더 만든다.

15. 4개 서랍 바닥에 가볍고 붙이기 쉬운 슬라이딩 레일을 서랍길이보다 약간 짧게 붙인다.

16. 만들어진 서랍을 가구 몸통에 넣어서 잘 맞는지 확인한다.

17. 서랍 앞판은 서랍장의 가로, 세로 치수보다 각각 0.5cm 정도 작게 재단한다. 서랍 앞면에 본드칠을 한 후 서랍 앞판을 붙인다. 아래에는 카드나 적당한 두께의 종이를 끼워 넣어서 아래 공간에도 약간의 간격을 준다.

18. 몇 시간 뒤, 본드가 굳고 나면 서랍을 빼서 서랍과 서랍 앞판을 나사못으로 튼튼히 조립한다.

19. 가구의 다리부분은 철재 느낌이 나도록 블랙으로 칠한다.

20. 페인트가 마르면 가구본체를 뒤집어 그 위에 다리를 올리고, 다리에서 가구 몸통쪽으로 나사못을 박아 고정한다(목공본드를 같이 사용하면 더 튼튼하게 고정된다).

21. 서랍장 몸통에 물을 뿌려준다(우드스테인을 칠할 때 미리 나무에 물을 좀 뿌려놓으면 붓자국 없이 부드럽게 발린다).

22. 가구 몸통과 서랍 등에 짙은 색 우드스테인을 발라 빈티지한 느낌을 준다.

23. 서랍 앞면에 칠한 스테인이 다 마르면 그 위에 거칠게 페인트칠을 한 번 한다.

24. 네 개의 서랍에 각기 다른 색을 칠하고 서랍마다 다른 모양의 손잡이를 달아준다.

25. 전체적으로 바니쉬를 발라 표면을 코팅한다.

멋스런 캐비닛 스타일의 청소기 보관함 만들기

집집마다 꼭 있고, 매일 쓰는 청소기는 참 고마운 가전제품이지만 실상 인테리어에서는 그리 반가운 아이템은 아니에요. 아무리 디자인이 예뻐도 청소기는 청소기이니까요.

'덩그러니 놓여있는 청소기에게 집을 만들어주자'라는 마음에서 청소기 보관함을 만들었었는데 몇 년 전에 만든 거라 스타일이 올드해 보이더라고요. 프로방스 스타일이어서 단아하고 예쁘긴 하지만 올드한 청소기함을 페인트와 몇 가지 철물을 이용해 카페 캐비닛 부럽지 않은 빈티지 캐비닛 청소기함으로 만들어 봤어요. 열어보기 전에는 절대 청소기함인지 알 수 없는 멋진 인테리어 가구랍니다.

1. 청소기 크기보다 조금 큰 치수의 목재를 재단해서 주문한다.
2. 드릴로 피스 구멍(이중기리)을 뚫는다.
3. 네모난 모양으로 몸체를 조립한다.

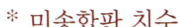

* 미송합판 치수
  가로 : 몸체의 가로치수 ÷ 2 − 0.3cm
  세로 : 몸체의 세로치수 − 0.5cm

4. 청소기함 몸체의 가로, 세로치수에 따라 재단한 미송합판 두 개를 준비한다.

5. 재단한 미송합판 위에 폭이 좁은 나무패널을 ㅁ자 모양으로 붙인다(패널을 붙일 때는 본드를 발라서 합판 위에 패널을 붙인 후 뒤에서 나사못으로 고정한다).
5-1. 몸체에 문짝을 달아 청소기 보관함을 완성하고 프로방스풍으로 꾸며 사용했다.

6. 기존 청소기함의 문짝을 떼어낸다.
7. 캐비닛텍을 문짝 가운데 붙인다.
8. 캐비닛 느낌이 나도록 문짝 안과 밖 모두에 어두운 블루 색상의 페인트(던-에드워드 페인트 DE 5874)를 칠한다(그레이나 블랙 계열의 색을 칠해줘도 좋다).

9. 청소기함 몸체에도 같은 색상의 페인트를 칠한다
10. 페인트가 마르면 경첩과 손잡이를 달아준다.

11. 손잡이와 캐비닛텍도 같은 색으로 칠한다.
12. 브라운색 아크릴 물감을 붓으로 손잡이와 캐비닛텍에 톡톡 찍어주고
    물휴지로 살짝 닦아내면, 오래되어 녹슨 느낌을 살릴 수 있다.

13. 스텐실 등으로 장식한다.

어느 책에선가 읽었는데 현관에 의자 하나를 두면 좋다고 해요. 신고 벗기 불편한 신발을 현관 바닥에 앉아서 신는 것보다 의자에 앉아서 신는 것이 더 편하고, 신발장 높은 곳의 신발이나 물건을 꺼낼 때도 의자가 있으면 좋죠. 그런데 의자는 자리를 많이 차지해서 좁은 현관에 계속 두기가 힘들어요. 통행도 불편하고 인테리어상으로도 보기 싫지요.

사용하다가 낡아서 못 쓰게 된 도마를 활용해 좁은 현관 틈새에 맞는 작은 스툴을 하나 만들어 봤어요. 도마로 쓰이는 나무는 두껍고 질이 좋은 원목이라서 오래되어 칼집이 나거나 곰팡이가 피었다고 버리기는 아깝죠. 재활용해 스툴로 만들면 화분 받침대, 의자, 발 받침대 등 여러 가지 용도로 사용할 수 있답니다. 보통 도마스툴이라 하면 왠지 딱 봐도 상판이 도마(?)스럽거나, 누가 봐도 파는 게 아니라 만든 거 같다는 느낌을 많이 드는데 저는 그게 싫어서 도마에 스툴 다리를 딱 맞게 재단했답니다. 주재료가 재활용한 도마라는 것을 말하지 않으면 알 수 없는 빈티지 스툴을 만들려 노력했어요.

*지지대 치수
  가로 : 도마가로-2cm-4cm(각재두께)×2
  세로 : 도마세로-2cm-4cm(각재두께)×2
  ※ 양옆과 상하로 1cm씩 여유를 줍니다.

1. 헌 도마와 다리가 될 4×4각재를 재단해서 준비한다.

2. 상판의 지지대가 될 각재를 사진과 같이 배치한다.
3. 스툴의 다리를 붙이고 피스로 연결한다.

4. 다리 사이를 중간 지지대(상판 세로지지대와 같은 치수)로 이어준다.
5. 완성되면 사포질로 전체적으로 다듬어준다.
6. 전체적으로 짙은 색 스테인(하도색)을 칠한다.

7. 페인트를 바르기 전 양초로 스툴 군데군데를 칠한다. 나중에 사포질을 하면 양초칠한 부분만 자연스럽게
   벗겨져 빈티지한 느낌을 준다.
8. 아래의 짙은 색이 완전히 가려지도록 원하는 색의 페인트를 두세 번 정도 칠한다.
9. 페인트가 마른 후 샌딩기, 혹은 사포로 문지른다.

10. 스텐실 등을 찍어서 장식한다.

* 베란다

00 베란다의 로망 실현하기

　모두들 베란다에 대한 로망이 있으시죠?

따뜻한 햇볕이 내리쬐는 베란다에서 창밖을 바라보며 차 한 잔의 여유도 즐기고, 읽고 싶었던 책도 읽고, 예쁜 화분을 키우면서 가드닝도 하고…. 또한 저처럼 목공을 취미로 가진 사람들에게 베란다는 작업실 겸 수납을 겸한 창고역할도 해야 하지요. 베란다에 너무 많은걸 요구하는 게 아니냐 하시겠지만 하고 싶은 게 너무 많은걸 어쩌겠어요.

하지만 이 모든 역할을 소화하기에 보통의 베란다는 너무나 좁습니다. 특히 요즘은 대부분의 아파트들이 베란다를 확장하기 때문에 우리가 꿈꾸는 베란다 공간을 만들기가 더욱 힘들어졌어요. 하지만 그렇다고 로망을 포기할 수는 없죠! 비록 좁은 베란다지만 편안한 휴식은 물론 집안에 생기를 불어 넣어줄 가드닝, 베란다 본연의(?) 목적을 충실히 수행할 수납공간과 저를 위한 작업실까지. 큰 돈을 들이지 않고 온전히 셀프 인테리어만으로 꾸민 꿈의 베란다!

지금부터 같이 보실까요?

01 베란다의 벽과 바닥 정리하기

베란다 🛏🗄🪑 🚪

벽 칠하고 바닥에 데코타일 깔기

우선 벽을 화이트로 깔끔하게 칠하고 바닥에 데코타일을 깔아주기로 결정! 물론 다른 색상(그레이, 베이지)도 괜찮습니다만 베란다 벽은 넓고 깔끔하게 보이는 것이 중요하기 때문에 화이트 색상을 추천합니다. 또한 곰팡이나 누수가 있는 베란다의 경우 먼저 곰팡이와 물기를 제거하고 깨끗이 말린 후 곰팡이 결로 방지 페인트를 사용하는 것이 좋아요.

after

before

308

🖌 벽 칠하기

1. 바닥에 페인트가 튀지 않도록 커버링 테이프를 깔고 벽을 화이트로 페인트칠한다.
2. 베란다의 샷시가 누렇거나 때가 탄 경우, 페인트가 유리창에 묻지 않게 꼼꼼히 마스킹 테이프를 붙인 후 젯소(2번) – 페인트(2번) – 바니쉬(2번) 순서대로 페인트칠을 한다. 이렇게 하면 샷시를 갈지 않더라도 깔끔하게 변한 창문을 볼 수 있다.
3. 페인트가 완전히 마르기 전에 마스킹 테이프를 떼어낸다. 이 과정에서 주변이나 창문에 튄 페인트는 바로바로 물휴지와 헤라 등을 이용하여 제거하도록 한다.

4. 일반 벽지나 벽과는 달리 창문 샷시는 페인트가 마른 후 반드시 초강력 바니쉬를 두세 번 이상 칠해주어야만 시간이 지나면서 페인트가 벗겨지는 것을 막을 수가 있다.

🖌 데코타일 깔기

5. 데코타일을 깔 때는 첫 줄은 온장 그대로 쭉 일자로 붙이고 두 번째 줄의 첫 장은 절반을 잘라서 붙여 엇갈리도록 한다.
6. 데코타일은 칼이나 가위로 잘 잘라지기 때문에 자로 치수의 절반을 잰 후 연필로 표시하고 커터 칼로 자르면 매끈한 단면을 얻을 수 있다.
7. 사진과 같이 지그재그로 붙이도록 하며 공간의 맨 끝부분은 치수를 재서 데코타일을 잘라 마무리한다.

베란다 바닥은 타일을 시공하거나 데코타일을 붙이거나 조립식마루, 매트를 까는 등 여러 가지 방법이 있는데요. 베란다 바닥에 물을 사용하고자 할 때는 타일을, 마루처럼 사용하고자 할 때는 데코타일이나 조립식마루를 추천할게요.

바닥에 조립식마루 깔기

저렴하고 쉽게 깔 수 있는 데코타일도 좋지만 요즘은 쉽게 조립해서 설치할 수 있는 조립식마루도 다양하게 나온답니다. 조립식마루는 초기 구입비가 데코타일보다는 좀 더 들지만 설치와 제거가 간편하고 이사를 할 때 가져갈 수도 있어서 여러 가지 장점이 많은 아이템이에요. 그럼 베란다에 조립식마루를 설치하는 과정도 보고 넘어갈까요?

before

after

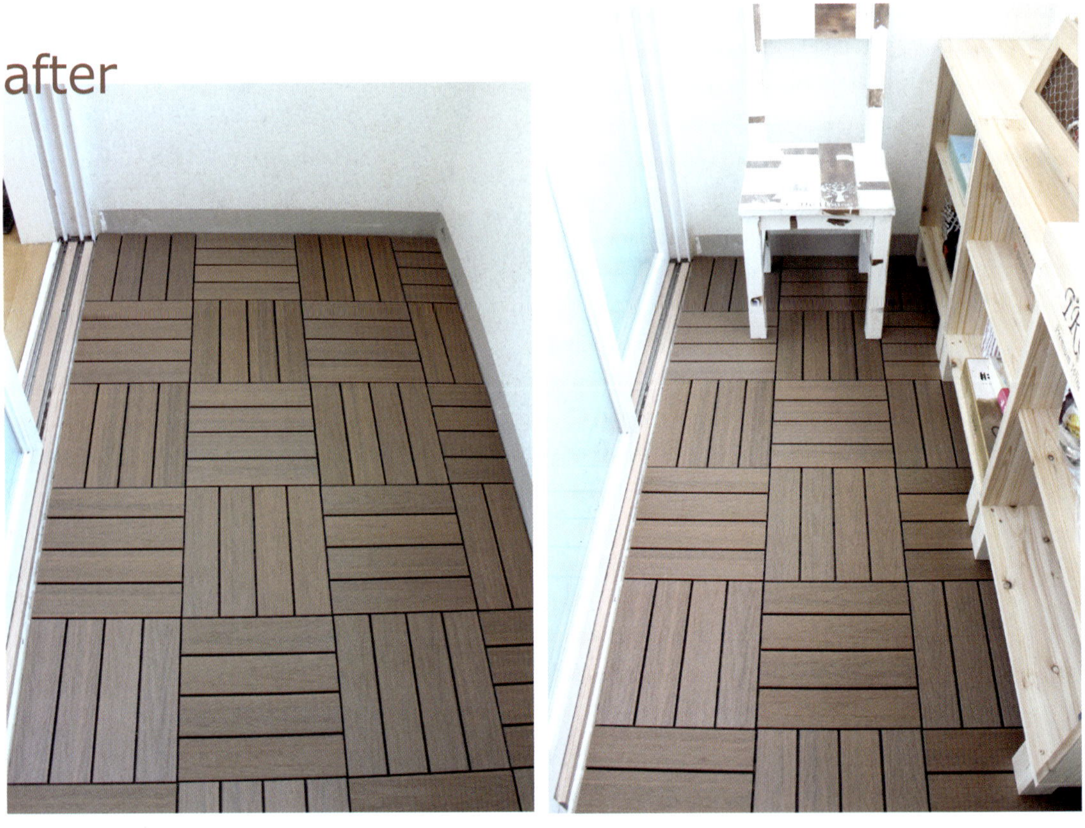

1. 먼저 설치할 공간을 깨끗이 청소하여 이물질을 제거하고 하루 정도 바짝 말려준다.
2. 조립식마루는 보통 양끝을 끼우는 형식으로 나오기 때문에 간단하게 끼워주면 되고, 잘 들어가지 않을 때는 고무망치로 두드리거나 발로 꾹꾹 눌러서 끼워주면 된다.
3. 일렬로 나란히 시공을 해도 되지만 이렇게 지그재그로 붙여서 깔면 더 감각적으로 보인다.

4. 완제품으로 조립하여 마루를 깔아준다.

5. 좁은 공간은 마루를 잘라서 끼운다. 자로 빈 곳의 치수를 잰 후 연필이나 칼로 그어 표시해 톱으로 자른다. 톱으로 잘 잘리지 않는 고무 부분은 가위나 롱노우즈 등으로 끊어서 자르면 된다.

6. 자른 마루를 기존의 마루에 끼워서 조립하면 딱 맞게 시공할 수 있다.
7. 이런 방법으로 빈 곳을 메워가면서 깔아주면 마치 전문가가 시공한 것처럼 딱 맞게 시공할 수 있다.

마루 자르기가 어려우신 분들은 빈 곳에 원예용 자갈 등을 채워 넣으셔도 좋아요.
최근에는 인터넷이나 대형마트, 이케아 등에서 다양한 색상의 조립식마루가 나오니
베란다 치수에 맞게 주문하셔서 시공해 보세요.

7. 이렇게 긴 사다리 모양의 문이 완성된다.

8. 책장과 문을 큰 경첩으로 연결해서 가리개가 안정적으로 달리게 설치한다.

9. 책장과 벽 사이의 길이에 맞추어서 만들었기 때문에 문을 열면 배수관이 가려진다. 뒤쪽에 빗자루나 봉 등 긴 물건을 보관하기도 좋으며 훨씬 깔끔해졌다.

10. 책장 앞에 블라인드 철물을 달아준다.

11. 블라인드를 끼워서 보통 때는 안의 자질구레한 수납용품이 안 보이게 가려준다(책이나 물건이 베란다의 강렬한 햇볕에 변색되는 것도 막아줄 수 있다).

03 베란다 문 리폼

평범한 베란다의 창고 문 하나가 바뀌었을 뿐인데 그 공간이 굉장히 이국적이고 아름다워지는 마법이 일어나는 것. 그게 바로 인테리어의 장점이지요. 더군다나 그 변화가 내 손끝에서 만들어졌다면 완성 후의 뿌듯함은 이루 다 말할 수 없어요. 그래서 셀프 인테리어에 빠지게 되는 거고요. 독특하게 꾸며놓은 문 하나로 우리 집 베란다는 마치 가드닝 카페에 온 듯한 느낌이 든답니다. 고작 페인트와 나무 패널 몇 개로요!!

before

after

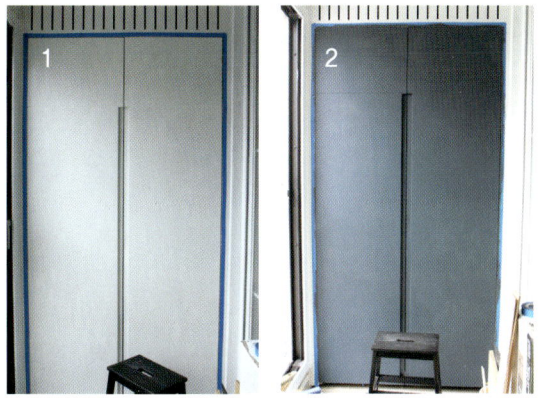

1. 문 주변에 페인트가 묻지 않도록 마스킹 테이프를 두르고 젯소(프라이머)를 두 번 정도 칠한다
   (표면이 필름지이거나 코팅이 된 문의 경우 페인트가 잘 먹게 하기 위해 반드시 젯소 작업을 한다).
2. 젯소가 완전히 마른 후 페인트를 얇게 펴바르고 말리기를 두세 번 정도 해서 완벽한 색상을 내준다
   (PART 1 좌충우돌 셀프 인테리어기 18쪽 참고).

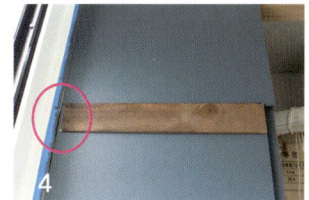

3. 장식으로 덧댈 나무 패널은 짙은 색 스테인을 칠하고 잘 말려준다.
4. 패널을 문의 길이대로 잘라서 목공본드와 타카 혹은 무두못 등으로 고정한다. 문이 열리는 부분(사진 속
   동그라미)에는 패널이 걸리지 않도록 문 두께만큼 띄어서 붙인다.

5. 패널을 사선으로 붙일 때는 자를 부분을 연필로 표시한 뒤 톱으로 잘라 사포로 다듬어준다.

6. 패널들끼리 딱 맞게 목공본드와 타카로 고정시키고 간혹 틈새가 벌어진 곳은 메꾸미를 발라준다.
7. 창고 문과 어울리는 문고리를 달아준다(PART 2 현관 275쪽 참고).

04 행잉화분 만들기

베란다

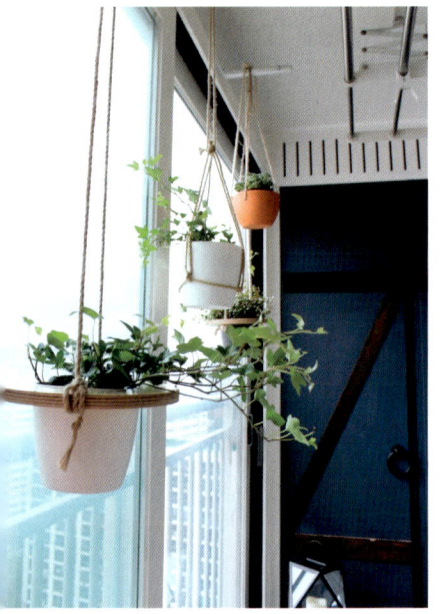

요즘 홈가드닝이 인기를 끌고 있죠? 삭막한 도시 속에서 작은 싱그러움을 느끼고자 많은 분들이 화분을 들여놓으시는데요. 베란다가 너무 좁아 화분을 둘 데가 없다! 그렇지만 화분은 키우고 싶다! 하시는 분들을 위해 행잉화분 만드는 법을 소개해 드릴게요.

베란다에 화분을 하나 달아두는 것만으로도 굉장히 싱그럽고 분위기 있는 가드닝을 연출할 수 있어요. 행잉화분을 만들어서 이렇게 베란다 창문에 매달아 놓으면 보기에도 예쁘고 바람과 햇살도 잘 통해서 화분들이 잘 큰답니다. 만드는 방법도 간단하니 직접 만들어서 멋진 홈가드닝을 해봐요.

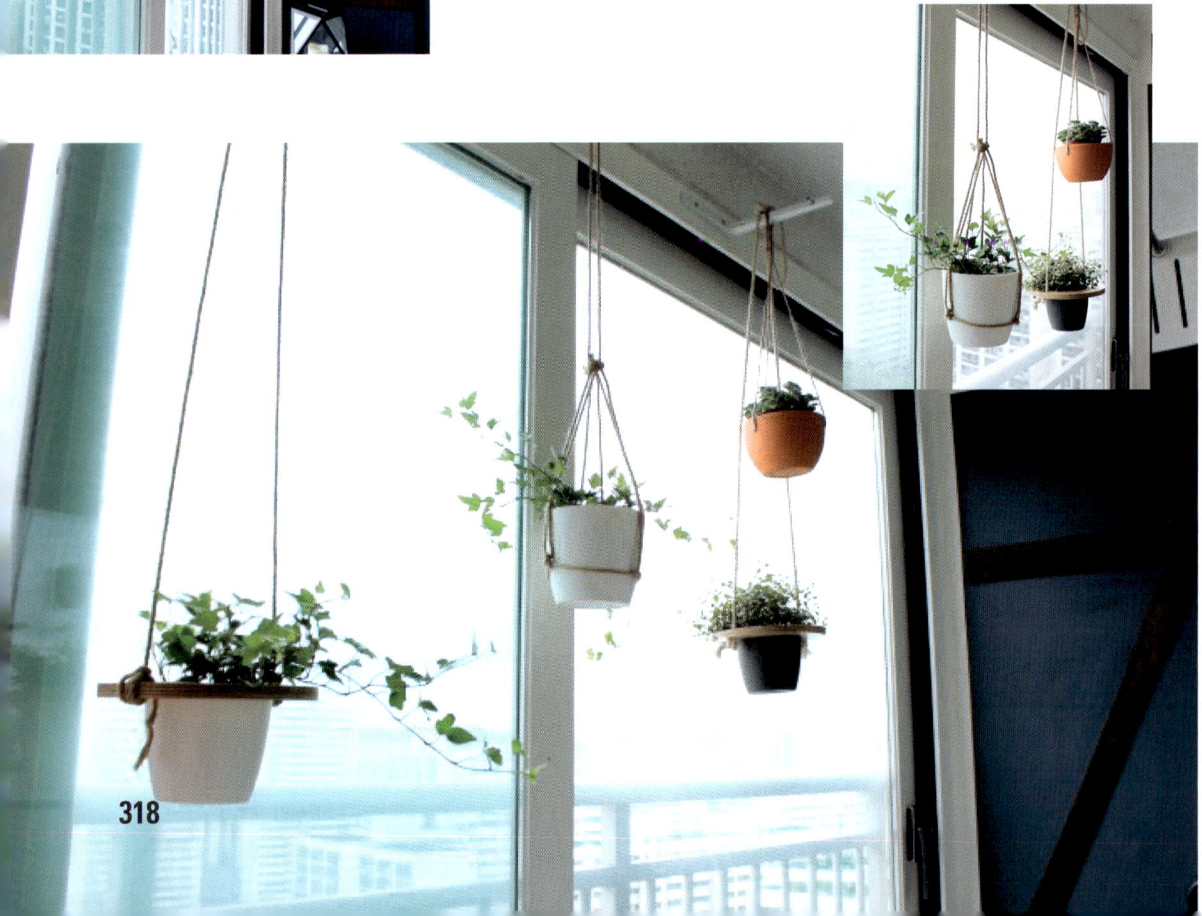

1. 먼저 베란다에 놓을 식물과 아래가 막힌 화분, 마끈, 그리고 마스킹 테이프(혹은 그냥 테이프), 가위 등을 준비한다.

2. 가위를 이용해 긴 마끈을 원하는 길이로 3등분한다.
3. 마끈 2개를 ×자로 교차시킨 후 마스킹 테이프를 붙여서 고정한다.

4. 공중에 매달 화분을 ×자 아래에 두고 화분 아래로 마끈을 가로질러 삼각형의 모양을 만들어 고정시킨다(대충의 화분 사이즈대로 끈을 묶기 위한 치수작업이다).

5. 삼각형의 모서리에서 ×자로 교차한 마끈들을 단단하게 묶어서 매듭을 지어준다.

6. 마스킹 테이프를 떼어낸 후 묶은 마끈을 화분 위로 올려서 화분이 고정되는지 확인한다.

7. 화분에 준비한 식물을 넣고 식물의 높이보다 훨씬 넉넉하게 마끈을 위로 올려 한데 묶어준다. 혹은 연결한 마끈을 바로 위에서 매듭 지어주고 자른 후 그 선들을 모아서 한 줄로 연결시켜주어도 된다.

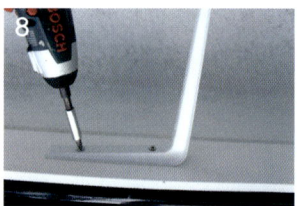

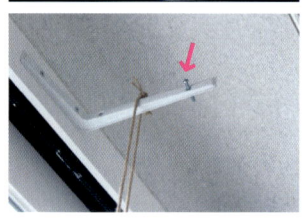

8. 벽이나 창틀 등에 선반다리나 꺽쇠 등을 매달고 화분의 마끈을 자연스럽게 걸어준다. 마끈이 선반다리에서 미끄러져 떨어질 것이 염려된다면 화살표와 같이 나사를 하나 박아서 떨어지지 않게 한다.

Sunny's Bonus

반제품 행잉화분 활용하기

행잉화분 형태로 나오는 제품들도 있으니 구입해서 활용하는 것도 좋아요.
깔끔하게 매듭짓는 방법을 알려드릴게요.

아래 매듭짓기

1. 행잉화분과 적당한 굵기의 끈을 준비한다.
2. 끈을 화분 구멍의 위에서 아래쪽으로 통과시킨 후 꽉 묶어준다(매듭이 구멍으로 빠지지 않도록 두 번 정도 묶는다).
3. 반대쪽도 동일하게 묶으면 완성이다.

위 매듭짓기

1. 행잉화분과 적당한 굵기의 끈을 준비한다.
2. 끈을 구멍에 두 번 정도 통과시켜 풀리지 않도록 꽉 묶는다(끈의 굵기에 따라 여러 번 돌려서 묶어도 좋다. 끈이 화분을 버틸 수 있을 정도로 단단하게 묶으면 된다).
3. 반대쪽도 동일하게 묶으면 완성이다.

해외 화보 속 펜트리로 변신한 우리 집 다용도실

　주방이나 거실 옆에 베란다라고 하기에는 애매한 정말 작은 다용도실이 있는 집들이 많을 거예요. 비워두기에는 애매하고 그렇다고 활용하기에는 너무 작은 공간이라 그냥 이것저것 짐을 쌓아 놓다보니 잡동사니 창고가 되어 버리기 일쑤죠. 너무 심한 거 아니냐고요? 에이~ 여러분의 집에도 이런 창고가 한 군데쯤은 있잖아요.

자! 이처럼 좁고 애매해서 짐만 쌓아두던 창고를 한번 싹 변신시켜 볼까요?

after

before

1. 수납장을 설치할 다용도실의 폭을 재어 목재를 재단한다.

수납장을 만들 때, 너무 길게 만들면 나중에 위치를 옮기거나 이사를 갈 때 사용하기 곤란할 수 있어요. 때문에 저는 다용도실의 폭을 3등분해서 같은 사이즈의 수납장 3개를 만들어 붙여 놓을 거예요.

예를 들어 다용도실의 가로폭이 155cm정도일 때 약간의 여분을 두고 150cm 길이로 수납장을 제작한다면 150÷3=50, 따라서 가로폭이 50cm인 수납장 3통을 만들 거랍니다.

2. 접합면에 목공본드를 바른 후, ㄴ → ㄷ자 모양으로 나사못을 박아서 조립한다.

3. 자를 이용해 가운데 선반이 들어갈 곳을 표시하고 나사못을 박아 조립한다. 이때 선반은 문의 두께만큼 안쪽으로 들어가게 만든다.

4. 윗면을 조립해 2단 수납장 모양을 만든다(PART 2 주방 157쪽 참고).
5. 수납장의 아랫부분이 위쪽을 향하도록 세우고 목공본드로 수납장의 다리를 붙인 뒤, 1시간 정도 말려서 고정한다.
6. 다시 뒤집어서 수납장 안쪽에서 다리 쪽으로 나사못을 박아 튼튼하게 고정한다.

7. 이렇게 폭이 좁고 2단으로 된 수납장이 완성된다.

8. 같은 방식으로 다용도실 폭에 맞게 2통, 혹은 3통의 수납장을 제작한다. 분할 제작하면 이동이나 배치도 편리하며 물건을 수납하기도 편리하다.

9. 수납장 양쪽으로 경첩과 나사못을 이용해 여닫이문을 달아준다.

10. 문을 달 때에는 문 아랫부분에 카드나 얇은 종이 등을 끼운 상태에서 달아주면 나중에 문을 부드럽게 여닫을 수 있다.

11. 드릴로 구멍을 뚫어 손잡이를 달 구멍을 만들어준다.

12. 구멍의 안에서 바깥쪽으로 나사를 끼우고 반대편에서 손잡이 부분을 돌려서 끼워 달아준다.

13. 같은 방식으로 나머지 수납장에도 문짝과 손잡이를 달아준다.

14. 수납장을 옆으로 나란히 세워도 좋지만, 문을 달지 않고 위로 올리면 다른 느낌의 수납장을 만들 수 있다.

Sunny's Bonus

지저분한 창고 같았던 다용도실에 조립식마루를 깔아주고 폭이 딱 맞는 수납장을 짜 넣어서 물건을 정리하면 깔끔하면서도 수납이 짱짱한 다용도실이 완성돼요.

마트에서 세일할 때 사온 휴지나 전구 등도 수납장에 차곡차곡 보관해 놓으면 정말 많이 들어가요. 한 곳에 모아두기 때문에 매번 어디 두었나 찾을 필요도 없고요. 문만 닫으면 깔끔하게 수납이 된답니다.

수납장 위쪽에는 야채장이나 바구니 등을 두어 야채나 마른 채소, 건어물 등을 보관해 보세요. 바람이 잘 통하고 그늘져있기 때문에 냉장고보다 더 오래 보관할 수 있고, 꺼내 쓰기에도 훨씬 편하답니다. 또한 냄새가 많이 나는 고구마를 굽거나 커피 등을 볶을 때 다용도실에서 하면 냄새도 쉽게 빠지고 청소도 아주 편해요.

다용도실에 다양한 수납공간을 만들어서 수납은 잔뜩 할 수 있게 되었는데, 간혹 보관물품이 너무 많아서 무엇을 보관하고 있는지 잊어버리는 경우가 종종 있죠? 분명히 있었는데 어디에 두었는지 몰라 새로 구입을 하거나, 혹은 시간이 너무 오래 지나버려서 못쓰고 버리게 되는 경우도 있어요. 이럴 때를 대비해서 다용도실에 칠판을 만들어 보관한 물품을 적어놓으면 보기도 편하고 나중에 찾기도 훨씬 편하겠죠? 분필로 쓰니까 언제든지 수정도 가능하고요.

다용도실을 정리하다 보니 정말 오래되고 먼지가 하얗게 쌓인 헌 교자상을 발견했어요. 시집 올 때 어머니가 사주신 거였는데 십 년 넘게 한 번도 쓰지 않은 상이지요. 그냥 버리기에는 너무 아까워서 깨끗이 닦아 말린 후 리폼을 해 볼 거예요. 새로 사지 않고 집에 있던 쓰지 않는 낡은 교자상을 리폼해서 멋진 칠판을 만들어 봅시다.

1. 헌 교자상의 앞뒤를 깨끗이 닦은 후 물기가 완전히 마를 때까지 한 시간 정도 말린다.

2. 교자상 다리에 붙어있는 나사를 드라이버로 풀어 다리를 분리한다.
3. 교자상 중간을 선반처럼 사용하기 위해 자로 치수를 잰 후 자투리 나무를 잘라준다.

4. 상의 옆면에서 드라이버로 나사못을 박아 선반을 질러준다.

5. 니스칠이 두껍게 된 상이기 때문에 페인트가 잘 먹게 하기 위해 먼저 프라이머(젯소)를 교자상 전체에 칠하고 말려준다.

6. 칠판페인트는 일반페인트보다 유성이라 냄새도 강하고 잘 지워지지 않기 때문에 페인트 트레이에 비닐을 씌우고 그 위에 칠판페인트를 부어서 사용한다.

7. 칠판페인트는 두세 번 이상 칠하되, 글씨를 써야하기 때문에 매끈하게 칠한다. 일반페인트보다 두 배의 시간을 들여 말리고 바르기를 반복해준다.

8. 칠판페인트가 완전히 마르면 칠판의 가장자리에 마스킹 테이프를 붙이고, 교자상의 테두리 목재에 페인트를 칠해준다.

9. 이번에도 두세 번 이상 충분히 말리고 바르기를 반복해서 제 색상이 나오도록 한다. 마지막 페인트를 칠한 뒤 페인트가 완전히 마르기 전에 마스킹 테이프를 제거한다.

10. 위쪽 선반에 작은 소품이나 화분 등을 놓을 때 떨어지지 않도록 앞부분에 얇은 패널을 박아 지지대 역할을 하게 한다.

11. 뒷면에 액자걸이를 달아 벽에 부착해도 좋고, 칠판을 벽에 대고 바로 못을 박아서 고정해도 좋다.

12. 위쪽에는 원하는 그림을 그리거나 오래된 커피콩, 혹은 화분을 올려서 장식해주어도 좋다. 아래쪽에는 다용도실에 수납되어 있는 물품들의 이름을 쭉 적어두고 그때그때 수정하면서 사용한다.

*소품

02 부엉이 액자

    부엉이는 지혜와 부귀의 상징이라고 해서 서양에서는 액자나 소품에 많이 활용되는 새입니다. 북유럽 소품으로도 훌륭한 역할을 하는 부엉이 액자를 손수 만들면서 가족의 평안과 행복을 기원해도 좋을 것 같아 직접 만들어 보기로 했습니다. 마침 세일할 때 사다 놓은 질 좋고 단단한 도마가 몇 개 있어서 그걸로 만들었더니, 비용도 저렴하면서 수공예품 같은 고급스러움을 풍기는 부엉이 액자가 되었어요.

1. 같은 크기의 작은 도마나 자투리 나무 등을 준비한다.
2. 부엉이 그림을 프린트해서 도마에 대고 연필로 꾹꾹 눌러 준다
   (먹지를 대고 그리면 더 좋다).

3. 도마에 새겨진 선을 따라 연필로 다시 한번 도안을 그린다.
4. 아크릴 물감이나 유화 물감 등으로 연한 색부터 칠한다.
   한 가지 색을 칠하고 마른 뒤 다른 색을 칠해주어야 번지지 않는다.

5. 액자 뒷면에 음료수캔 고리를
   나사못으로 고정한다.

올려놓는 것만으로 멋스러운 트레이

남들 다 보는 드라마보다 소수의 마니아들이 좋아하는 드라마에 더 끌리는 사람들이 있지요. 또 나만의 스타일을 추구하는 개성 강한 사람들이 있어요. 모두 다 예쁘다고 하는 북유럽풍 스타일보다 거친 빈티지 스타일을 좋아하는 사람들도 그런 사람들이죠. 그 분들을 위한 느낌 있는 빈티지 트레이를 만들어봤어요.

작은 소품 하나까지도 자신만의 스타일에 맞추어 변화시키고 싶다면 당신은 이미 셀프 인테리어 초보가 아니랍니다. 중수 아니, 고수일지도 모르지요.
빈티지 트레이에 투명한 유리병 등을 올려 테이블 위에 두는 장식용 소품으로 써도 좋고, 커피 등을 담아내면 정말 느낌 있답니다.

재료 및 구입처
원목 트레이 반제품 (THE DIY), 던-에드워드 우드스테인 미디엄오크, 던-에드워드 우드스테인 햄톤오크(나무와사람들)

336

1. 반제품 트레이를 준비한다.
2. 스테인을 트레이의 테두리에 골고루 칠한다.
3. 트레이의 얇은 바닥을 보강하고 모양을 내주기 위해 트레이 바닥에 패널을 깔아줄 계획이다.

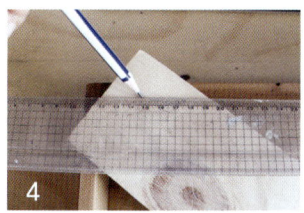 

4. 먼저 트레이의 모서리 부분 모양에 맞춰 패널에 연필선을 표시하고 톱으로 자른다.

5. 이와 같은 방법으로 트레이 모양에 맞춰 패널을 하나씩 자른다.
   작업 중간중간 트레이 바닥에 자른 패널이 무리 없이 들어가는지 확인해본다.

6. 트레이 바닥에 목공본드를 골고루 뿌린다.
7. 잘라둔 패널을 하나씩 붙인다.
8. 수평이 맞지 않거나 잘 붙지 않을 때는 고무망치로 톡톡 두드려 주면서 작업한다.

9. 패널의 빈틈에 메꾸미를 발라서 평평하고 빈틈없는 바닥을 만든다.

10. 전체적으로 처음에 바른 스테인보다 한 톤 더 진한 스테인을 골고루 바른다.

11. 좁아서 스테인이 잘 칠해지지 않는 부분은 붓으로 꼼꼼히 바른다.

12. 트레이 가운데 스텐실을 찍어 장식한다.

13. 트레이의 가장자리에 빈티지 철끈을 두르고 나사못을 박는다.

14. 트레이의 양쪽 옆면에 손잡이를 단다. 헌 손잡이나 검은색 스프레이를 뿌리고 사포로 약간 칠을 벗겨내
    빈티지 느낌을 살린 손잡이 등을 사용하면 좋다.

15. 트레이의 특성상 물이나 음료수가 묻을 수도 있으므로 바니쉬를 서너 번 정도 발라 표면을 코팅한다.

04 솔방울 화분

나름 손재주가 있다는 소리를 많이 듣지만 식물을 키우는 것은 영 젬병이랍니다. 식물을 키웠다 하면 평균 50%가 넘는 높은 치사율을 자랑하기에 저에게 화분을 키운다는 건 늘 힘들고 어려운 일이에요. 하지만 자연을 느낄 수 있는 식물을 집에 꼭 놓고 싶었지요.

그래서 살짝 금이 간 화분이나 그릇, 솔방울만 있으면 만들 수 있는 솔방울 화분을 만들어 봤습니다. 1년 내내 시들지 않는, 심플하면서도 눈이 내린 자연의 아름다운 모습을 닮은 재활용 소품이에요. 전체적으로 실버나 골드 색상의 스프레이를 진하게 뿌려 크리스마스 소품으로 활용해도 좋답니다.

1. 재활용할 흰색 화분(이가 나가거나 약간 깨진 화분)과 종이컵, 접착제 또는 글루건 등을 준비한다.
2. 깨끗이 씻어서 말린 솔방울을 종이컵에 하나씩 붙인다.
3. 옆면 등 붙이기 힘든 부분에는 순간적으로 빨리 붙는 글루건을 사용하면 좋다.

4. 종이컵이 보이지 않게 촘촘히 솔방울을 붙인다.
5. 솔방울 안쪽 사이사이에 접착제를 발라주어 떨어지지 않게 잘 고정한다.
6. 솔방울을 붙인 종이컵을 화분 위에 올리고 화분 테두리에 접착제로 붙인다.

7. 화분의 이가 나가거나 깨진 틈으로 접착제를 흘려 넣어서 화분이 벌어지지 않게 한다.
8. 솔방울 종이컵을 화분에 올린 채 솔방울을 더 붙여서 풍성한 화분 모양을 만든다.

9. 접착제가 적당히 마르면, 굳어진 접착제 방울자국이나 글루건 찌꺼기 등을 떼어낸다.
10. 실버 색상의 스프레이를 솔방울에 군데군데 뿌린다.

결혼한 지 몇 년이 지나면 대부분의 부부들에게 밸런타인데이나 화이트데이는 기념일이 아닌 그냥 보통의 하루가 됩니다. 어쩌다 생각이 나서 초콜릿이나 사탕이라도 사오는 날에는 괜히 어색하기도 해서 고맙다는 말보다 "다 상술인데, 돈 아깝다."라는 핀잔이 먼저 나가곤 하죠.

그래서 전 특기를 살려서 금빛 블링블링한 하트 캔버스 액자를 만들어서 책상 위에 올려놓았답니다. 남편에 대한 사랑도 담겨 있지만 집안에 금색이 많으면 돈이 많이 들어온다는 말처럼 돈이 많이 들어오라는 기원도 꾹꾹 담아 만들었어요.

남편방뿐 아니라 아이방 책상 위에도 잘 어울리는 소품이에요. 인더스트리얼 인테리어의 모던시크함을 살려주는 스트라이프와 황동소품의 금빛이 합쳐져 사랑하는 사람에게 선물해도 좋고, 포인트 소품으로도 사용해도 좋답니다.

1. 마트나 대형문구점에서 적당한 크기의 캔버스를 구입한다(사진 속 캔버스는 2호).

2. 마스킹 테이프를 캔버스면 전체에 차례로 붙이고, 한 줄씩 건너뛰며 테이프를 떼어낸다.

3. 일정한 간격으로 테이프가 붙여진 캔버스 위에 블랙이나 그레이 계열의 페인트를 칠한다
   (페인트가 없다면 검은색 물감으로 대체가능).

4. 페인트가 마르면 마스킹 테이프를 모두 떼어낸다.
5. 스트라이프 무늬가 고르지 못하거나 번진 부분이 있으면 얇은 붓으로 수정하고, 캔버스 옆면까지 꼼꼼
   히 마무리한다.
6. 캔버스 아랫부분에 LOVE 또는 부인이나 남편, 아이 이름의 이니셜을 스텐실하면 더 특별한 선물이 된다.

7. 하트모양을 프린트해 오려낸 뒤, 캔버스 가운데 적당한 위치에
   하트문양을 대고 연필로 표시한다.

8. 글루건, 접착제 등을 바르고 하트 가장자리부터 금색이나 은색 압정을 꽂아 채운다.
9. 바탕 캔버스가 보이지 않도록 촘촘히 붙여서 하트를 완성한다.

10. 안전을 위해 캔버스를 뒷면으로 돌려 자투리 패널이나 판재(두꺼운
    마분지나 박스지 등도 사용가능) 등으로 뒷면을 막아준다. 목공본드
    와 글루건을 함께 사용해 붙인다.

1판1쇄발행일	2018년 4월 5일
1판1쇄인쇄일	2018년 3월 8일
초판인쇄일	2016년 2월 26일

발 행 인	박영일
책 임 편 집	이해욱

편 저	선은경
편 집 진 행	박재인 · 강현아
표 지 디 자 인	김도연
본 문 디 자 인	김현진

발 행 처	시대인
공 급 처	(주)시대고시기획
출 판 등 록	제 10-1521호

주 소	서울시 마포구 큰우물로 75(도화동 538 성지 B/D) 6F, 9F
전 화	1600-3600
팩 스	02-701-8823
홈 페 이 지	www.sidaegosi.com

I S B N	979-11-254-4494-7(13590)

정 가	18,000원

BRAND-STORY

열정, 기쁨, 감각 등의 뜻을 가진
단어'GUSTO' 구스토타일은
자신의 집을디자인하고 꾸밀 수
있는 '열정'을완성된 공간들은
큰 '기쁨'을 선사했다.
소비자들의 호응과 디자이너들의
인정속에 '구스토타일' 은
패턴타일의 '보통명사'로
자리매김해가고 있다.

GUSTO TILE
CLASSIC

구스토타일 액자 교환 쿠폰

구스토타일로 감각적인 공간을 연출해보세요!!

전화문의 후 방문 부탁드리며 액자는 쿠폰지참 후 재고소진
시까지 1EA 교환가능하며 액자 디자인은 랜덤으로 드립니다.
(한정수량 50개 교환기간 : 2018년 9월 30일)

할인쿠폰 10%

상기쿠폰 절취 후 매장 방문 타일 구매시 10% 할인을 해드립니다.
(기간: 2018년 12월31일까지)

구매 및 교환 주소 : 강남구 논현동 128-4번지 신한빌딩 2층 구스토타일
전화번호 : 02-542-9799

던-에드워드 PAINTS

아토피,천식, 비염, 곰팡이 세균번식 방지

던-에드워드는 1983년부터 세계 최초로 아크릴 페인트에 첨가되는 유독성 경화제인 에틸렌글리콜(EG)
대신 식품, 음료, 의약품, 화장품 등에 사용되는 프로필렌글리콜(PG)을 자발적으로 사용하였습니다.
세계 최초 EG-FREE 무독성 던-에드워드 페인트로 안전하게 실내환경을 개선하세요.

Dunn-Edwards KOREA
친환경리더 **나무와사람들**

홈페이지 www.jeswood.com | **주소** 경기도 파천시 파천동 502-11번지 나무와사람들 | **문의전화** 02-3679-0101

A GREEN LEGACY, A GREENER FUTURE
by Dunn-Edwards Paints

페인트가 친환경, 수용성 또는 냄새가 없다고 무독성은 아닙니다.
먼저 EG-FREE 페인트인지 꼭 확인하세요.

DUNN-EDWARDS PAINTS

20% OFF
Discount Coupon
ONLY ONLINE

셀프 홈 인테리어 가이드 독자들을 위한
20% 할인쿠폰

사용기한 2019. 12. 31 까지
쿠폰번호 33-0D868F6F2E
주의사항 – 본사 홈페이지에서만 사용 가능
　　　　　– 회원가입 후 사용 가능
　　　　　– 한 ID당 쿠폰번호 등록 1회로 제한
　　　　　– 본 쿠폰은 10,000원 이상 구매 시 적용 가능

본사 홈페이지 www.jeswood.com　문의전화 02.3679.0101